Hegel

Coleção **PASSO-A-PASSO**

CIÊNCIAS SOCIAIS PASSO-A-PASSO
Direção: Celso Castro

FILOSOFIA PASSO-A-PASSO
Direção: Denis L. Rosenfield

PSICANÁLISE PASSO-A-PASSO
Direção: Marco Antonio Coutinho Jorge

Ver lista de títulos no final do volume

Denis L. Rosenfield

Hegel

2ª edição

ZAHAR

Jorge Zahar Editor Ltda.
rua Marquês de S. Vicente 99 – 1º | 22451-041 Rio de Janeiro, RJ
tel (21) 2529-4750 | fax (21) 2529-4787
editora@zahar.com.br | www.zahar.com.br

Capa: Sérgio Campante
Composição eletrônica: TopTextos Edições Gráficas Ltda.

CIP-Brasil. Catalogação-na-fonte
Sindicato Nacional dos Editores de Livros, RJ.

Rosenfield, Denis L. (Denis Lerrer), 1950-
R726h Hegel / Denis L. Rosenfield. — 2.ed. — Rio de Janeiro:
2.ed. Zahar, 2005.
— (Passo-a-passo)

ISBN 978-85-7110-632-1

1. Hegel, Georg Wilhelm Friedrich, 1770-1831. 2. Filosofia alemã. I. Título. II. Série.

CDD: 193
05-2881 CDU: 1 (430)

Sumário

A vida

Estudos. Georg Wilhelm Friedrich Hegel nasceu em Stuttgart, no dia 27 de agosto de 1770. Órfão aos 11 anos, sua família era de pequenos funcionários e pastores, fazendo parte do que na época se considerava como o "terceiro estado". A religião familiar era o pietismo. Seus estudos foram feitos no Liceu de Stuttgart, passando depois, por seu desempenho, para o Seminário Teológico de Tübingen, onde entrou com 18 anos, graças a uma bolsa do ducado. Seu pai planejara para aquele que se tornaria o maior filósofo do século XIX a carreira de ministro protestante. Desde cedo, nosso filósofo teve um gosto muito acentuado pelos clássicos gregos e latinos. Destacam-se, em suas leituras, as obras de Sófocles, sobretudo *Antígona*, Longino, Tácito e Lessing (*Natã, o sábio*). O *Esclarecimento* (*Aufklärung*) alemão exerceu poderosa influência sobre o seu pensamento. Precocemente, demonstrou um grande interesse pela religião dos gregos e romanos.

No Seminário, encontrou aqueles que se tornariam, durante uma fase importante de sua vida, seus grandes amigos: Hölderlin e Schelling. Esta instituição de ensino tinha como função formar pastores que trabalhariam por todo o território do Württemberg, disseminando idéias religiosas, mas também políticas e ideológicas. O propósito do grão-duque era fortalecer o seu poder pela força das idéias, soldando, desta maneira, as relações comunitárias. No entanto, nessa época, o Seminário borbulhava de idéias, abrindo espaço para o espírito de crítica e de inovação intelectual. Os livros de Kant e Rousseau eram lidos às escondidas e os dogmas políticos, religiosos e filosóficos estavam sendo abalados. A divisa de Kant segundo a qual a humanidade deveria passar à maioridade graças ao uso da razão era percebida pelos amigos como particularmente pertinente e, mesmo, iminente.

A Grécia clássica exercia um fascínio sobre esses jovens, que, com ela, se identificavam. Em sua vida, Hegel jamais abandonará sua admiração pela bela unidade ética da vida grega, onde se conjugam arte e religião, política e filosofia. A pólis grega é vista como uma bela harmonia entre o universal e o individual, onde a religião se equilibra com a política, o cidadão se reconhecendo espiritual e filosoficamente em suas instituições.

Apesar da formação religiosa, esses jovens não pensavam em dedicar-se à vida de pastores, longe disso. O Seminário era, para pessoas de poucas posses, um trampolim para outro tipo de vida, atraídos que estavam pelo espírito e pela filosofia. Schelling, precoce, consegue logo depois um emprego de professor. Hegel e Hölderlin, por sua vez, são obrigados a procurar trabalho como preceptores. Era comum que jovens seminaristas ou professores assim o fizessem, conseguindo lugar em famílias nobres ou ricas. Observe-se que a posição social do preceptor era a de um serviçal da casa. Brigavam inclusive para terem um quarto individual.

A Revolução. O trio, que tão acentuadamente marcaria a filosofia, revela um interesse político intenso. O ardor pela Revolução Francesa era tanto que chegam a plantar uma árvore para comemorar o evento, denominada "Árvore da Liberdade", em torno da qual alegremente se reuniam todos os 14 de julho, dia da queda da Bastilha.

A sedução exercida pela Revolução Francesa sobre um espírito como o de Hegel é imensa. Para ele, a França libera uma energia política que rompe com os laços da monarquia, constituindo-se em nação do ponto de vista político. Dá, assim, lugar a um novo nascimento, que simboliza uma regeneração da humanidade. A nova época está fundada na emancipação do homem e aposta na liberdade do indivíduo, na instauração de novos direitos. A Revolução apresenta-se como a culminação de um longo processo histórico, que viu a liberdade nascer em várias de suas figuras (como a de liberdade do pensamento, de propriedade e de culto religioso), mas que só encontra sua realização ao unir a política com a universalidade dos direitos. Nada, portanto, mais oposto ao provincianismo de sua terra natal, a Suábia. Para um espírito universal como o de Hegel, a particularidade de sua existência devia parecer insuportável. Hegel, aliás com Hölderlin e Schelling, estima que a Revolução fará o seu próprio caminho e, como um rio caudaloso, encontrará seu curso mundial, propagando-se pela Alemanha e libertando sua terra natal.

Anuncia-se o mundo da liberdade, emancipado, enfim, da tirania. Hegel sempre se manterá fiel a esta data e, 40 anos depois, já em plena Restauração, ainda exclamará: "O pensamento, o conceito de direito, afirmou-se *contundentemente* e o velho andaime do direito não pode lhe oferecer nenhuma resistência"; "desde que o Sol se encontra no firmamento e os planetas em torno dele giram, jamais se tinha visto o homem apoiar-se sobre sua cabeça, isto é, sobre o pensamento e, conforme a ele, construir a realidade efetiva"; "uma magnífica aurora"; "todos os seres pensantes celebraram esta época. Uma emoção sublime reinou nesta época, o entusiasmo do espírito estremeceu o mundo, como se só então se tivesse chegado à efetiva reconciliação do divino com o mundo".

Daí não se segue, porém, que Hegel aprove os excessos revolucionários. O elogio da Revolução vem acompanhado de uma condenação veemente da ditadura jacobina. Utilizando uma expressão da *Fenomenologia do espírito*, Robespierre mandava cortar cabeças como outros cortam cabeças de couve. É como se o processo revolucionário tivesse se fixado na negatividade, repetindo-se e positivando-se na destruição. Ainda segundo uma expressão da *Filosofia do direito*, o período da ditadura jacobina é o de uma liberdade do vazio, que nada deixa erigir diante de si, no caso as instituições estatais e as regras que, em sua estabilidade, deveriam reger a liberdade recentemente conquistada.

O trabalho de preceptor e a situação alemã. Em 1793, Hegel parte para Berna, Suíça, onde começa a trabalhar como preceptor, educando os filhos da família Steiger, que possuía uma boa biblioteca, o que lhe propiciava a continuação de seus estudos. Dessa época datam seus manuscritos sobre a *Vida de Jesus* (1795) e *A positividade da religião cristã* (1796). Estes textos ressaltam a estreita vinculação entre moralidade e religião, entre racionalidade e positividade. A religião torna-se objeto de uma leitura filosófica. Suas novas ocupações, entretanto, não lhe deixavam tempo suficiente para estudar, de modo que aceita um convite de seu amigo Hölderlin para mudar-se para Frankfurt, em 1797.

Instala-se em uma família considerada maçônica, os Gogel, que teriam pertencido à Ordem dos Iluminados (Esclarecidos), uma sociedade secreta da Baviera que chegou a ser bastante influente na época, opondo-se às diferentes monarquias não constitucionais então vigentes. Suas idéias baseavam-se no aperfeiçoamento moral interior, na filantropia, na hostilidade ao despotismo, na aspiração à igualdade social, tendo uma certa inclinação pelo cosmopolitismo. Sua função política consistia em cooptar altas autoridades do Estado, da universidade e dos meios religiosos com vistas à transformação social e política. Esse movimento foi vítima de uma violenta perseguição por parte das autoridades da Baviera. É dessa época seu escrito sobre *O espírito do cristianismo e seu destino*, que trata da relação entre a evolução histórica e a positivização da religião cristã.

A Alemanha o preocupa sobremaneira. Para que se tenha uma idéia, ela estava pulverizada em torno de 1.800 principados, Estados de certa maneira, dotados de autonomia política, financeira e administrativa. Isto tornava o país extremamente frágil, servindo de cenário para as batalhas de diferentes exércitos, alemães e estrangeiros. Como filósofo preocupado com o destino de seu país, Hegel redige um texto, *A Constituição da Alemanha*, que começa com esta reveladora frase: "A Alemanha não é mais um Estado."

Sem dúvida, a Alemanha existia como comunidade de língua e cultura, porém não como unidade política e mesmo religiosa. Se não há Estado, não pode haver liberdade, pois nem as condições mínimas de defesa exterior, eficiência administrativa e impostos uniformes são asseguradas. Na verdade, Hegel sustenta a idéia de que a unidade estatal é fundamental para que se assentem as bases de fortalecimento e desenvolvimento da idéia da liberdade. O Estado é a forma política da liberdade. Daí não se segue, entretanto, a necessidade de uma comunidade religiosa ou de uma religião de Estado. Nesse manuscrito, o jovem Hegel chegou a defender a idéia de que a Áustria, católica, poderia liderar a reunificação estatal da Alemanha, majoritariamente protestante. A idéia da separação necessária entre Igreja e Estado foi mantida durante toda sua vida, sendo novamente defendida nas *Linhas fundamentais da Filosofia do direito*, de 1821.

Iena e Napoleão. Em 1801, Hegel se estabelece nesta cidade, onde viverá por seis anos e escreverá a *Fenomenologia do espírito*. Iena era a capital do Grande Ducado de Saxe-Weimar e famosa por ser a terra de Goethe, então ministro da Educação e dos Cultos, e Schiller, já então muito celebrados; Schelling, grande amigo de nosso filósofo, também residia lá. Para que se tenha uma idéia da produtividade de Hegel, além da *Fenomenologia*, ele escreveu a *Constituição da Alemanha*, o *Direito natural*, *A diferença entre os sistemas filosóficos de Fichte e Schelling*, *Lógica e metafísica*, o *Sistema da eticidade*, *Fé e saber*. Funda com Schelling o *Jornal Crítico de Filosofia*. Sua atividade é frenética, embora apareça ainda como discípulo de seu amigo.

Em fevereiro de 1805, Hegel é nomeado "professor extraordinário" da Universidade de Iena. Sem remuneração fixa, ganha a vida com a retribuição dada por seus alunos. Em 1806, pela intervenção pessoal de Goethe, passa a receber um salário anual de 100 táleres. Schelling, nesse meio tempo, continuava sua precoce carreira, tendo se tornado professor da Universidade de Würzburg, na Baviera. Observe-se que, nessa época, a Baviera, região católica governada por reformistas, acolhia os intelectuais protestantes. É o caso de Niethammer, outro grande amigo e correspondente de Hegel, que se torna conselheiro superior da Educação e dos Cultos deste Estado.

A *Fenomenologia do espírito* é concluída quando da vitória de Napoleão sobre os exércitos alemães, o envio do manuscrito coincidindo com a entrada das tropas francesas em Iena. A obra tem grande repercussão e marca seu rompimento com Schelling, que se sente atingido por uma frase alusiva de seu Prefácio. Os dois amigos se afastam, apesar das juras de eterna amizade presentes em sua correspondência anterior. Como podemos observar, brigas intelectuais e universitárias também fazem parte da história da filosofia.

Napoleão e seu exército vitorioso entram em Iena, após a derrocada dos exércitos alemães. Hegel saúda os vencedores, pois, para ele, representavam a realização dos ideais da Revolução Francesa contra o atraso do seu país. Sua reação não é a de um nacionalista, mas de alguém comprometido com os ideais da humanidade, ideais universais, que independem da particularidade de cada país. Nada mais estranho ao espírito de Hegel do que um nacionalismo estreito e limitado. A carta a Niethammer, de 13 de outubro de 1806, é admirável. Hegel está angustiado com o destino de sua *Fenomenologia*, que acaba de enviar ao editor. Não sabe se o manuscrito chegará ao destinatário, pois a situação é de absoluta desordem militar, policial e administrativa. As pessoas temem por suas vidas e por seus bens, pois não se pode prever o comportamento de uma potência invasora e vitoriosa. É preciso ter cautela, porque as tropas podem confiscar, ocupar casas, castelos e moradias, e recusar pode ser prejudicial. *A Fenomenologia do espírito* foi enviada em partes. Hegel sofre com o que está acontecendo; seu dinheiro acabou e, na mais absoluta aflição, solicita um empréstimo a seu amigo. E é nesse estado de penúria e temor que escreve estas surpreendentes palavras: "Vi o Imperador — esta alma do mundo — sair da cidade para um reconhecimento. É efetivamente uma sensação maravilhosa ver um tal indivíduo, que aqui se concentra em um ponto, montado a cavalo, abarcar e dominar o mundo." O seu juízo não foi afetado pela instabilidade pessoal, social e psicológica, adequando-se perfeitamente a suas posições filosóficas e políticas!

Baviera. Com a deterioração da situação em Iena, sem dinheiro, Hegel consegue, graças a Niethammer, emprego como redator de um jornal: *A Gazeta de Bamberg.* Uma carta escrita a seu antigo aluno Zellmann, de 23 de janeiro de 1807, mostra bem seu estado de espírito quando de sua chegada à Baviera. Ao presenciar a vitória francesa, ele identifica o fracasso militar alemão a algo mais profundo: o processo de desenvolvimento e realização da idéia da liberdade. Trata-se de uma nova figura do espírito que rompe as amarras de um mundo moribundo. Referindo-se aos êxitos das tropas napoleônicas, Hegel escreve que esses eventos fortalecem sua convicção de que "a cultura (*Bildung*) obtém a vitória sobre a grosseria, o espírito sobre o entendimento desprovido de espírito e o sofisma. Apenas a sabedoria (*Wissenschat*) é teodicéia. Ela nos preservará tanto da surpresa animal diante dos acontecimentos como da atitude mais inteligente de os atribuir aos acasos do instante ou ao talento de um indivíduo, que faz depender o destino dos impérios de uma colina ocupada ou não; ela nos preservará de nos lamentarmos da vitória da injustiça ou da derrota do direito".

A história segue um curso espiritual, conceitual, apresentando-se, do ponto de vista político, como a realização da idéia da liberdade. Ela consiste em um desenvolvimento segundo o qual etapas inferiores de evolução da humanidade são negadas e conservadas em seus estágios posteriores e mais avançados. Isto é, a humanidade se configura, se forma, nesse percurso, que será então considerado como o do desenvolvimento do espírito. O que é tido hoje por "cultura" é, para Hegel, o resultado de um processo de formação. Com efeito, o termo alemão *Bildung* recorta várias acepções, significando "cultura", "educação", "formação", diríamos "civilização". *Bild*, por sua vez, significa retrato, quadro; e *bilden*, "formar", "dar cultura", "retratar" algo. Esse leque semântico possibilita-nos ver em que sentido "a cultura/educação/formação/civilização" é vitoriosa sobre a "barbárie".

Uma das dificuldades da leitura de Hegel reside em seu vocabulário, distante de nós. Suas palavras nos afastam de seu pensamento, enquanto seus significados deveriam nos aproximar. Este seu vocabulário era compartilhado por toda uma gama de pensadores. O que hoje é denominado "idealismo alemão" é a criação de uma época específica que abarca apenas 50 anos aproximativamente. Todos esses pensadores, de uma maneira ou de outra, foram contemporâneos, embora houvesse grandes diferenças de idade entre eles.

A significação dos conceitos hegelianos é dada pelo percurso de seus diferentes sentidos. Assim, o termo "espírito" depende da posição que ocupa no texto de Hegel. Segundo a etapa de seu percurso, do vir-a-ser de suas significações na "consciência", na "consciência de si", na "razão", o conceito de espírito ora tem a acepção de algo "subjetivo", ora de algo "objetivo", ora de uma junção entre os dois numa outra gama de significações. Enquanto resultado desse processo, ele significa tanto as instituições e regras do mundo como suas acepções culturais, morais, jurídicas e políticas. O espírito pode também significar o trabalho — em suas específicas perspectivas — da arte, da religião e da filosofia quando se representam, pensam e concebem a totalidade desse percurso.

Ao privilegiarmos a acepção de idéia da liberdade, conceberemos a história como um longo — e sofrido — processo de realização desta idéia, que nasce com a liberdade de um no mundo oriental (a liberdade do monarca), passando pela liberdade de poucos no mundo greco-romano, para chegar à liberdade de todos no mundo moderno, cujo desfecho político é a Revolução Francesa. E todo esse processo é escalonado por determinações propriamente ditas da idéia da liberdade, como a liberdade de propriedade, de expressão, de pensamento, de culto religioso e de participação/representação política. E cada uma destas determinações pode ser localizada preferencialmente em certos momentos históricos.

A palavra *teodicéia* foi cunhada por Leibniz num livro com este título, visando significar o ordenamento divino do mundo, em que os fatos, por mais anódinos e distantes entre si, guardam uma ordem, uma relação de necessidade. O que nos aparece como um mal, segundo uma perspectiva determinada, a da posição que informa nosso olhar, é, então, algo necessário se vislumbrado na ótica do regramento total do mundo. As aflições do indivíduo Hegel — como a separação de sua companheira, um filho natural, a dificuldade de encontrar trabalho e o temor do exército francês — são vistas, em outra perspectiva, como algo necessário, vinculado à idéia da liberdade que assim se realiza, personificada na figura desse indivíduo admirável que, a cavalo, vislumbra o mundo e o domina.

A *Bildung*, a "cultura", se faz sob o pano de fundo da história como teodicéia. A história se coloca como o lugar de realização do absoluto, de sua diferenciação e de sua identidade consigo. A história é concebida como o ordenamento dos fatos humanos segundo o processo de efetivação do absoluto. Uma outra história se faz através daquilo mesmo que pode, às vezes, nos aparecer como insólito. A história como realização do espírito é um outro nome do processo de efetivação da idéia da liberdade. De posse desse novo conhecimento, não nos surpreenderemos diante dos fatos, nem nos resignaremos com o ocasional ou contingente. Se permanecermos no nível do anódino, se centrarmos nosso olhar somente nas ações individuais, se formos prisioneiros de episódios meramente militares, se nos lamentarmos pelo fracasso de determinadas relações jurídicas, perderemos o essencial, a saber, o universal que aí se realiza perpassando o acaso: as ações individuais, os episódios militares e a perda de vigência de determinadas instituições jurídicas.

As instituições jurídicas do Antigo Regime são destruídas pela Revolução; as instituições alemãs, por sua vez, começam a soçobrar. As lamentações que surgem são, na verdade, oriundas dos defensores da monarquia de direito divino, dos que estão perdendo seus privilégios. Com efeito, a nação francesa efetua dois movimentos que são conceitualmente distintos e relevantes para Hegel:

a) o movimento propriamente jurídico-político de libertação dos antigos privilégios. Retomando um refrão revolucionário, Hegel considera que a humanidade está se emancipando de regras e instituições de sua infância, que lhe pesavam como absurdos grilhões. Romper os grilhões da escravidão, eis a tarefa da França revolucionária, que se apresenta como modelo ao mundo, como uma outra versão da realização do espírito num momento e lugar determinados da história. Agora, o espírito adota uma figura gaulesa, como na Reforma protestante tinha adotado uma figura germânica;

b) o movimento político-metafísico ou político-existencial, o dos indivíduos que não temem a morte e abandonam a rotina de suas vidas cotidianas. Reencontramos aqui a dialética do senhor e do escravo, em que o senhor da guerra comparece como aquele que não temeu a morte, teve-a diante dos olhos e soube enfrentá-la. O escravo, por sua vez, é aquele que diante dela sucumbiu, trocando a liberdade pela preservação da vida.

Hegel avalia positivamente a guerra na medida em que ela arranca os indivíduos de seu egoísmo cotidiano, da satisfação reiterada dos seus interesses particulares. Uma sociedade que não é objeto de comoção pára, como as águas estagnadas de um lago que não se movimenta. Isto não quer dizer que Hegel quisesse a guerra. Para ele os indivíduos devem ser periodicamente extraídos de sua cotidianidade, para que apreciem e valorizem novamente o bem coletivo, o trabalho solidário com os outros membros de sua comunidade política, o desprendimento em relação ao egoísmo e à cobiça.

Uma situação financeira precária. Devido a problemas políticos como redator da *Gazeta de Bamberg*, Hegel é obrigado a procurar outro emprego. Graças à diligência de seu amigo Niethammer, consegue o cargo de "reitor" do Liceu de Nüremberg, em 1808, uma pobre e nova instituição de ensino protestante. Suas funções eram, além das propriamente acadêmicas, as de um diretor administrativo, ocupado com os pequenos problemas cotidianos. Seu salário era pago irregularmente e, com freqüência, ele se via sem um tostão. Desta época data seu livro *Propedêutica filosófica*, um texto de introdução à (sua) filosofia.

O Liceu, em terra católica, era uma exigência da população protestante de Nüremberg. Este novo trabalho mostra como Hegel entendia a relação entre religião e filosofia. Numa carta a Niethammer, de 12 de julho de 1816, ele assinala que a função central do protestantismo consiste na "formação geral do espírito", numa visão bem singular das escolas e universidades como institutos "religiosos" do saber. As "igrejas" protestantes seriam as escolas e as universidades, e não a "Igreja" no sentido propriamente católico do termo. Privilegia-se, assim, a atividade racional e não os atos de fé, de submissão a determinados dogmas. A razão é elevada à posição de árbitro supremo de todas as questões, inclusive as religiosas, contando, para isso, com o apoio de uma religião determinada. Ou seja, a função de ligar as pessoas entre si por um credo determinado, função eminentemente religiosa, é também atribuída ao trabalho da razão, à atividade propriamente filosófica.

Nessa época, em 1811, Hegel, com 41 anos, se casa com Marie von Tucher, de 20 anos, filha de uma antiga família nobre de Nüremberg, porém de parcos recursos. Se fosse uma família abastada, provavelmente não teria autorizado seu casamento com um professor que mal ganhava para se sustentar. O casal se entendeu muito bem e teve dois filhos, Karl e Immanuel, um tendo se tornado um renomado historiador e o outro um importante pastor. A atividade filosófica de Hegel continua febril e suas atribulações cotidianas parecem ser um incentivo ainda maior para que desenvolva sua própria filosofia. Nessa situação, escreve aquela que é certamente uma das suas maiores obras, a *Ciência da lógica*, publicada em 1812, reputada como uma das mais difíceis da filosofia. Trata-se de um livro de metafísica propriamente dito. Nele, aparecem conceitos comuns, como alguns que empregamos usualmente: ser, nada, vir-a-ser, existência, realidade, essência, reflexão, substância, relação e idéia. Por outro lado, Hegel faz questão de assinalar que esse livro tem um ponto de partida muito singular, começando onde a *Fenomenologia do espírito* termina: com o "saber absoluto". Pode-se, portanto, dizer que a *Ciência da lógica* apresenta o encadeamento puro dos conceitos em si mesmos, como um se imbrica em — e se deduz de — outro, engendrando nexos conceituais equivalentes a uma apresentação de Deus em seu próprio pensamento. Aconselha-se a leitura dessa obra em duas perspectivas: uma voltada para as categorias em suas acepções correntes, para seu movimento de determinação recíproca; a outra voltada para as conquistas da *Fenomenologia do espírito*, de modo que possamos ver como cada uma de suas figuras — e a totalidade delas — veicula os conceitos que, depois, serão explicitados — e diferentemente reordenados — na perspectiva da *Lógica*.

Restauração. Entretanto, a vida política não se torna mais fácil. A idéia da liberdade encontra dificuldades em sua realização. O que parecia iminente, começa a afastar-se do horizonte, que fica carregado. A tormenta se anuncia e se apresenta, em toda a Europa, sob a forma da Restauração. Na Alemanha, a Restauração é muito sentida, porque, não tendo vivido uma revolução, deve agora sofrer os ressentimentos de uma nobreza ameaçada. A volta aos antigos privilégios, porém, apresenta uma complexidade inaudita, pois o que antes era considerado sagrado é tido agora por artificial, algo que contraria a "natureza humana": a nova percepção das coisas. Contudo, a Revolução deixou marcas profundas, que não poderão mais ser apagadas. Qualquer retorno à situação anterior estará definitivamente comprometido, pois as transformações revolucionárias vieram para ficar.

Numa carta a seu amigo Niethammer, Hegel comenta a queda de Napoleão em termos inequívocos: "Coisas grandes aconteceram em torno de nós. É um espetáculo horroroso e prodigioso ver um enorme gênio destruir-se. É a coisa mais trágica. A mediocridade aparece em todo o seu peso, sem descanso ou pausa, até que o que se elevou seja rebaixado a seu nível ou mais baixo ainda." A liberdade, num dos seus ápices, volta a cair, como se seu surgimento fosse um clarão que, agora, se apaga. O tempo do espírito não é o da vida individual. Hegel deverá, portanto, se acomodar à situação, suportá-la sem nenhuma convicção ou apreço, a Restauração se impondo em toda parte. Na Prússia e na Baviera, ele viverá diretamente sob o seu domínio e influência, em meio à censura, perseguições de estudantes, liberais, patriotas e judeus, ambientes esses que tinha o hábito, e gostava, de freqüentar. Viver é preciso.

Em 1816, aos 46 anos, Hegel é, enfim, convidado para ser professor universitário em Heidelberg. Suas duas mais importantes obras, a *Fenomenologia do espírito* e a *Ciência da lógica*, já tinham sido publicadas. Ele poderá, doravante, dedicar-se exclusivamente ao que mais almeja: à filosofia. Durante esse período, em 1817, publica a *Enciclopédia das ciências filosóficas*, livro que resume e sistematiza a totalidade de seu pensamento. Retomando o estilo do século XVIII, a obra busca apresentar sua filosofia em seus nexos essenciais; terá um grande sucesso e sofrerá várias reelaborações e reedições, a última sendo em 1830, um pouco antes de sua morte.

No final de 1817, Altenstein, ministro da Educação e dos Cultos, de tendência reformista, oferece a Hegel a cátedra de filosofia da Universidade de Berlim, que tinha permanecido desocupada desde a morte de Fichte em 1814. Assim, Hegel desembarca em Berlim no ano de 1819. Finalmente, é o reconhecimento há muito acalentado. O governo Hardenberg se caracterizava por propostas que hoje podem nos parecer tímidas, porém, em seu contexto, eram ousadas e mesmo difíceis de serem implementadas. Na época, a Prússia nem Constituição tinha. Dentre suas propostas, sobressaem a elaboração de uma Constituição, a abolição da servidão, o direito geral de propriedade sobre a terra, a racionalidade administrativa, as eleições municipais, a supressão — em princípio — das corporações, a eliminação dos tributos feudais, a igualdade tributária e a liberdade industrial.

Pode-se dizer que o governo prussiano se dividia em duas correntes básicas: a reformista e a dos feudais, dos nobres e de setores da corte. A primeira, capitaneada por Hardenberg, é a mais influente até sua morte em 1822. Seus membros tinham se destacado nas guerras de libertação nacional contra a França e restaurado o prestígio da Prússia, tendo como projeto a modernização do país. Hegel dedicou um exemplar da *Filosofia do direito* (1821) a Hardenberg. Cabe assinalar que Hegel defende, nessa obra, a idéia de uma monarquia constitucional, na qual estaria reservado ao rei pôr os "pingos nos is" ao término de um longo processo de deliberação segundo regras, o que retirava ao monarca todo poder discricionário. Um Estado, para corresponder a seu conceito, deveria ter uma Constituição, regrando efetivamente as relações de seus cidadãos. Há um episódio que ilustra bem a diferença entre as correntes reformista e conservadora. Apesar de Hegel ter sido convidado pelo grupo Hardenberg/Altenstein, os conservadores não estimavam sua filosofia. Pode-se inclusive dizer que boa parte do governo prussiano era adversária de toda forma de ciência e educação, quanto mais de filosofia. "Um dia, quando Altenstein propôs a proibição de trabalho para crianças menores de 10 anos, Von Schuckmann, ministro do Interior, replicou-lhe 'que o trabalho das crianças nas fábricas era menos nocivo do que o trabalho efetuado pela juventude visando adquirir cultura."

A glória berlinense. Durante esses anos, sua atividade filosófica segue frenética, seja com seus cursos, seja com suas publicações. Desses cursos, que ficarão em estado de manuscritos, só publicados após sua morte, temos: a *Estética*, as *Lições de filosofia da história*, as *Lições de história da filosofia* e as *Lições sobre a filosofia da religião*. Dentre os textos publicados, sobressaem-se as *Linhas fundamentais da filosofia do direito*, em que Hegel expõe sua concepção do Estado a partir do conceito de liberdade. E o faz apresentando o homem como "pessoa" (indivíduo portador de direitos), como "sujeito" (na acepção moral do termo) e como membro da "vida ética" (significando o conjunto das regras, costumes e instituições familiares, sociais, jurídicas, políticas, religiosas e culturais).

Para Hegel, o homem é, antes de tudo, membro de uma comunidade e, abstratamente considerado, carece de efetividade. Ele seria uma espécie de ficção do espírito, pois, no momento de o pensarmos, sempre o fazemos a partir de suas condições de vida, enquanto pertencente a diferentes formas comunitárias, chamadas, por Hegel, de éticas. No entanto, essa ficção tem uma dimensão prática, pois o indivíduo sozinho corresponde a uma forma de surgimento do homem no mundo moderno, onde imperam relações socioeconômicas que o atomizam e separam dos demais. A filosofia hegeliana se coloca, então, nos antípodas das filosofias contratualistas, baseadas na idéia do indivíduo isolado que se opõe ao Estado.

Segundo a *Filosofia do direito*, o conceito de Estado é constituído das seguintes determinações e condições: a) a do "direito abstrato", na qual aparece o indivíduo em suas relações jurídicas, prevalecendo a forma aparentemente contratualista das relações humanas. Nela, imperam as formas do direito privado, regrando as relações humanas sob a forma de contratos; b) a da "moralidade", em que se exploram os conceitos e determinações do homem encerrado moralmente em sua subjetividade, gerando os conceitos que vão se concretizar na "eticidade". Nesta forma da subjetividade surgem conceitos como culpa, responsabilidade e mal; c) a da "eticidade" propriamente dita, onde primam as formas comunitárias de vida. Nela, o homem é: primeiro, membro de uma família; segundo, membro da "sociedade civil-burguesa"; por último, "cidadão".

Na família, temos a "eticidade" em uma forma natural e imediata, na qual a unidade mantém os seus membros coesos. É a esfera da relação matrimonial, da relação entre pais e filhos e da defesa e aumento do patrimônio. Na segunda, temos as relações sociais propriamente modernas, onde se produz um processo agudo de diferenciação entre seus membros. É a esfera das relações de trabalho, das corporações, dos processos socioeconômicos e da competição que, freqüentemente, desconhece quaisquer limites. Trata-se do lugar onde se desenvolvem os processos econômicos e suas contradições, onde se dilaceram as relações sociais e onde as instituições jurídicas surgem como meio de regrar os conflitos individuais. Por último, temos a terceira figura da eticidade, a do Estado propriamente dito, enquanto culminação de todo esse processo. O Estado surge, especificamente, como resultado das contradições e conflitos sociais, porém incorporando em si as determinações de todas as figuras anteriores. Isso significa que, nele, se concretizam as determinações da idéia da liberdade em sua esfera própria. As relações políticas são, portanto, as que medeiam as relações entre os homens e as medeiam graças aos processos e institutos da representatividade política. O cidadão, nesse sentido, é o feixe dessas determinações enquanto membro do Estado.

Nem nos seus últimos anos, a vida de Hegel transcorre sossegada. Sua independência de pensamento continua a perturbar o Estado prussiano. Sempre preocupado com questões políticas, escreve um artigo sobre a reforma eleitoral inglesa (Reformbill), fazendo uma análise penetrante das transformações sociopolíticas por que passa a Inglaterra. Baseado numa rica informação da situação, ele avalia que as propostas do Parlamento inglês poderiam tanto prenunciar — e acelerar — uma revolução quanto acentuar os graves problemas da representação política. Duas alternativas são consideradas nesse artigo: ruptura institucional ou exclusão da vida político-representativa de setores importantes da burguesia, como o financeiro. O artigo é censurado por significar ingerência em assuntos de outro Estado depois de sua primeira parte ter sido publicada; a segunda só será conhecida após sua morte. Esta o surpreende aos 61 anos inesperadamente. A cólera parece tê-lo atingido — o diagnóstico não é claro —, alcançando-o no ápice de sua fama.

Enterro. O enterro de Hegel ocorreu no dia 16 de novembro de 1831. A viúva e os dois filhos legítimos (o natural já havia morrido) conduziram o féretro, acompanhados por uma massa enorme de estudantes e universitários. Não se pode esquecer que estes eram a principal força de oposição ao rei e ao governo. Por uma ironia da história, aquele que foi rotulado por alguns como o representante da monarquia prussiana não teve em seu enterro nenhum representante oficial. O governo, a corte, o rei e o príncipe, que lhe era muito hostil, não se fizeram presentes. Pior ainda, o chefe da polícia de Berlim, que autorizou o funeral, pagou este gesto com seu cargo. Apenas um necrológio, aliás controlado pela censura, foi escrito. E não foi casual o fato de ter sido escrito pelo discípulo dileto de Hegel, Eduard Gans, um judeu — num ambiente fortemente anti-semita, tanto por parte do governo como da oposição —, militante da causa judaica, liberal, republicano e saint-simoniano. Dentre seus escritos, destaca-se *Direito natural e história universal do direito*, resultado de um de seus cursos, que foi cuidadosamente anotado e transcrito por Karl Hegel, o filho de Hegel, e publicado após sua morte. Trata-se de uma história da idéia do direito à luz da concepção hegeliana da história como lugar de realização da idéia da liberdade.

As idéias

A filosofia. Na *Filosofia do direito*, Hegel escreve que a tarefa da filosofia consiste em captar sua época no pensamento.

Ele sempre foi atento aos problemas contemporâneos, não apenas em seu país, mas em qualquer lugar que se abria à realização da idéia da liberdade. A filosofia, mesmo quando voltada para os grandes problemas da metafísica — como o ser, o pensar, a alma, o absoluto — não podia descuidar dos problemas da "pólis", a saber, o Estado e a liberdade. Ou, como ele mesmo dizia, os problemas eternos da filosofia: Deus, a liberdade e o Estado. A filosofia deve voltar-se para o que é, que está dado, remontando, progressivamente, a seu processo de constituição. Trata-se de apreender no ser imediato o conceito que nele se faz presente e se realiza. O pensamento tem a função de depurar, no que se apresenta para ser pensado, os momentos necessários que o tornaram possível. Numa perspectiva política, Hegel escreve que a tarefa da filosofia consiste em reconhecer a rosa na cruz do presente. A vida política não é um lugar angelical, mas perpassado pela força, pela violência e pelo uso freqüentemente indiscriminado do poder. No entanto, cabe, à filosofia pensar o que se faz por intermédio desse processo — a mediação operante nos processos reais —, viabilizando uma nova visão daquilo que está acontecendo.

Na perspectiva do pensamento, a filosofia é então compreendida como um processo que leva em conta seus momentos de constituição tanto no que diz respeito à história da filosofia quanto no que esta vem apreendendo do que está realmente ocorrendo. Ou seja, trata-se de mergulhar na realidade para que possamos captar a racionalidade que assim se efetua, a filosofia conservando em si o seu desenvolvimento. Ao apreender o que é, a filosofia o toma como resultado e o concebe como produto de todo um processo que o fez nascer. Sob essa ótica, pode-se dizer que a função do pensamento conceitual — e não apenas aderente à realidade imediata, denominado por Hegel de intelecto ou entendimento — consiste em trazer um processo ao seu resultado, em atualizar o passado que nele está presente. Não há, pois, método que, com anterioridade ao seu exercício, nos ensine a filosofar. Fazer filosofia é como aprender a andar de bicicleta: só se aprende pedalando.

O real e o racional. Uma das fórmulas mais mal compreendidas de Hegel é aquela em que ele, aparentemente, identificou o real ao racional. A má interpretação fez fortuna e dela nasceu a idéia de um Hegel resignado, como se sua filosofia justificasse qualquer realidade, por mais injusta que fosse. Já em sua época, na *Enciclopédia*, Hegel havia advertido seus detratores sobre os equívocos dessa leitura de sua *Filosofia do direito*. Em momento algum, dizia ele, havia escrito que "o que é racional é real e o que é real é racional". Suas palavras são inclusive outras, a saber: "o que é racional é efetivo e o que é efetivo é racional". Não se trata de um mero jogo de palavras, mas de conceitos, pois o "efetivo", segundo expôs na *Ciência da lógica*, é da ordem da mediação, da racionalidade. O real que é efetivo é o que foi racionalmente trabalhado, o que se apresenta como resultado de todo um processo de mediação. A Revolução Francesa, por exemplo, é da ordem da efetividade, pois é a culminação de todo um processo histórico, que se mostra, na esfera política, como o vir-a-ser da liberdade. Por outro lado, as tentativas de restauração na Alemanha, ou em outros países, são reais, mas não efetivas, pois correspondem a uma regressão na ordem da racionalidade. Hegel reserva o conceito de realidade efetiva ou de efetividade aos ganhos reais de racionalidade, tais como se fazem nas instituições, na história ou no pensamento.

A sociedade civil-burguesa. Hegel sempre se interessou pelas questões da sociedade, da economia e da política. Da juventude à morte, este foi um eixo de sua filosofia. Hegel foi, antes de Marx, o filósofo que leu atentamente tanto os livros de economia política já existentes como os que se publicavam. Foram perdidos os manuscritos de sua leitura, quando jovem, de Sir James Stewart, um mercantilista importante da época. Pode-se dizer que as leituras que fez de Adam Smith, Jean-Baptiste Say e David Ricardo (cujo livro *Princípios de economia política e tributação* é de 1819) foram decisivas para a estruturação de seu pensamento político. A economia política clássica surge aos olhos de Hegel como uma outra compreensão dos processos econômicos. Ela lhe fez ver que havia regras presidindo esses processos, expondo um outro nível de racionalidade em relação ao que podia aparecer como uma mera troca de mercadorias entre indivíduos. Para ele, o fundamental consistia em captar as leis operantes no sistema de satisfação das diferentes necessidades individuais. A sociedade estava mudando, a industrialização marchava célere, o comércio mundial alcançava recônditos até então isolados, o desemprego mostrava sua face capitalista como produto das novas relações socioeconômicas e a colonização aparecia como um meio de resolver insolúveis contradições internas num país determinado, a Inglaterra por exemplo.

Nesse sentido, Hegel soube muito bem captar o caráter contraditório do processo socioeconômico em curso, mostrando como o Estado moderno nasce enquanto meio de regramento das contradições inerentes a esse processo. A função do Estado consiste, portanto, em ser uma instância política que controla e supervisiona esses conflitos e contradições, elevando-os a um outro patamar, o da administração pública e da política propriamente ditas. Há uma formulação, presente na *Ciência da lógica*, que exprime com clareza o pensamento hegeliano: "pior do que o pior dos Estados é a ausência de Estado". A sociedade entregue a si mesma equivale, hobbesianamente falando, a uma volta ao "estado de natureza", à "luta de todos contra todos", ao uso ilimitado da violência.

A sociedade não é, no entanto, apenas o lugar dos processos econômicos, mas também o de nascimento dos direitos civis, das regras jurídicas que ordenam essas relações. Nela, a pessoa aparece efetivamente como portadora de direitos. O conceito de sociedade tem, para Hegel, ao mesmo tempo uma significação econômica e civil, estando ambas necessariamente ligadas. A significação civil inscreve-se na esteira do pensamento político contratualista, na linha de Hobbes, Locke, Fergunson e Rousseau. Mesmo sob essa denominação genérica, trata-se de ressaltar a validade dos contratos e o que estes acarretam em termos de liberdade de troca, de conservação dos direitos e, logo, de liberdade de pensamento e de expressão. O "contratualismo" consegue captar esta determinação dos processos sociais. Seu erro, por sua vez, consiste em transpor para o nível político, do Estado, o que é próprio da sociedade. Ressaltemos que o conceito hegeliano de sociedade civil-burguesa inclui tanto os processos econômicos, as relações sociais com suas corporações, quanto o Poder Judiciário e os serviços de polícia, reforçando, assim, a idéia de que a sociedade deve, no seu nível próprio, ocupar-se dos seus problemas mais imediatos, regrando-os por seus próprios meios.

Corporações. Afirma-se com freqüência que Hegel ora abandona os indivíduos à sua própria sorte na sociedade, ora defende as corporações no sentido medieval do termo. Por outro lado, ressalta-se menos a mediação que ele opera desses dois momentos. Observe-se que a concepção hegeliana do Estado, logo da "eticidade" em todos os seus momentos, está ancorada em que todo indivíduo é, principalmente, "membro de...": membro da família, da sociedade, de uma corporação profissional e do Estado. Constitui-se, assim, todo um sistema de mediação. O indivíduo representa e se vê representado em cada uma das figuras da "eticidade". Logo, forma-se um encadeamento de distintos níveis de representação que culmina na representação política propriamente dita. Na esfera das corporações que nos ocupa agora, estas exercem precisamente a função de mediar os membros da sociedade com a materialidade de seu trabalho e de suas relações sociais. E esta forma profissional de representação produzirá, por sua vez, uma forma de representação política, quando membros eleitos das corporações vierem a representá-las, como deputados, no Parlamento.

Não é função do Estado ocupar-se diretamente dos indivíduos, mesmo em suas infelicidades e problemas mais graves, porém das comunidades às quais pertencem. Cabe ao Estado, nesse sentido, supervisionar e controlar se os mecanismos sociais estão funcionando corretamente. Tomemos um exemplo: o do desemprego. A assistência e a ajuda a indivíduos desempregados concernem, principalmente, à família e à corporação. Em lugar da palavra "corporação", podemos utilizar "sindicato", para aproximar de nosso tempo a formulação hegeliana. Para além do fato, histórico, de que Hegel defende a idéia de corporação enquanto união de empregadores e empregados, o decisivo é que a sociedade assegure mecanismos de proteção a seus membros, honrando-os em sua qualidade de trabalhadores de um ramo específico. Um indivíduo diretamente assistido pelo Estado seria, nessa perspectiva, um desempregado considerado abstratamente, pois desprovido de sua qualificação profissional específica. Em caso de ser assistido por sua corporação, ele é considerado, por exemplo, como metalúrgico que era, cessando de sê-lo apenas por um momento, o da situação de desemprego. A corporação deve ser, portanto, vista sob a ótica da mediação social e não como resquício qualquer de uma instituição medieval moribunda.

Democracia e representação política. Hegel nunca foi simpático à democracia. Escritos como a *Filosofia do direito* e o

Reformbill são explícitos a esse respeito. Não faltam comentaristas que exploram estes textos para apontar um Hegel antidemocrático. Retira-se, assim, uma frase de seu contexto, que lhe confere sentido, e ela é, então, considerada à luz dos sentidos contemporâneos de democracia. Devemos, portanto, examinar o que Hegel entende por democracia para que possamos melhor avaliar sua posição. Com efeito, Hegel identifica a democracia à democracia direta, ou seja, à ditadura jacobina de Robespierre e Saint-Juste. A democracia é vista sob o prisma da intervenção descontrolada das massas na cena pública e, mais particularmente, do controle sobre elas exercido por seus líderes, que se auto-intitulam seus verdadeiros representantes. Estes tornam-se, assim, autônomos em relação a qualquer regra, instituição ou ordenamento social que pudesse controlá-los e limitá-los, proclamando-se senhores das regras. O resultado é a violência revolucionária, que nada de sólido deixa subsistir diante de si. Instituições são, então, reiteradamente banidas e toda tentativa de fazê-las renascer é abortada em seu próprio nascedouro.

Hegel, por sua vez, concebe o Estado moderno como um todo hierarquizado em instâncias, cada uma gerando especificamente uma forma de representatividade própria. Da família ao Estado, passando pela sociedade civil-burguesa, se desenvolve uma trama de associações e instituições que medeiam todo esse processo. Esses elementos de mediação se estruturam remontando, progressivamente, ao topo do Estado. Por exemplo, há deputados da Câmara baixa que são escolhidos pelas corporações por estarem integrados aos trabalhos destas e terem uma visão de sua particularidade que deverá, no trabalho legislativo, adequar-se ao bem comum. Seu sistema eleitoral é, portanto, indireto, pois baseado na representatividade de cada uma das instâncias. Hegel procura evitar que uma ordem profissional, por exemplo, tenha uma representação maior em detrimento de outras categorias profissionais. Para ele, um parlamento representativo deveria necessariamente contar com todas as categorias profissionais dentre as mais importantes do país.

Sua divisão de poderes na instância propriamente política e administrativa de deliberação reside nos poderes legislativo, governamental e monárquico. O Poder Legislativo é composto, seguindo o modelo inglês, pela Câmara alta e a Câmara baixa. A primeira representa a nobreza, grande proprietária rural, cuja força na época era grande, impondo-se por si mesma. A Câmara baixa representa os interesses do "terceiro estado", constituído por profissionais liberais como médicos e advogados, pelos diferentes setores da burguesia e pelas corporações dos artesãos. Trata-se da parte mais ativa e criativa da sociedade, mas cuja "impaciência" exige, por assim dizer, o seu contraponto numa outra Câmara, acostumada, pela origem dos seus membros, aos ciclos da natureza, às estações do ano. O Poder Governamental, por sua vez, é formado pelo Ministério, pelo Gabinete, tendo à frente um primeiro-ministro, responsável diante do Poder Legislativo, e que se ocupa dos problemas e assuntos correntes do Estado. Por último, temos o monarca com seu grupo de assessores, ao qual cabe a palavra final sobre assuntos ainda não decididos pelos poderes legislativo e governamental e sobre as questões essenciais da coisa pública.

Unidade do pensamento e do ser. O ponto de partida da filosofia é a unidade entre o pensamento e o ser. Não se trata, para Hegel, de nenhum ponto de partida dogmático, mas do começo mesmo do filosofar, que envolve não apenas o conhecer, nem o que se torna objeto de conhecimento, porém ambos como integrantes do mesmo processo. Todo processo de conhecimento pressupõe uma relação entre o sujeito cognoscente e o objeto, como se tivéssemos duas coisas ou entes separados, preexistentes, de alguma maneira, à relação que se estabelece. Hegel, por sua vez, mostra que tal separação é apenas aparente, pois o primado é dado pela relação que institui os termos relacionados. E essa relação, no transcurso do processo de conhecimento, se apresentará como parte de uma determinada fase da cultura, ou seja, de uma determinada figura do espírito.

O dizer e a coisa dita pertencem a uma mesma relação, que, por sua vez, faz parte de uma determinada concepção do mundo, das coisas e do homem. O dizer as coisas não é algo não afetado pelas condições mesmas de sua enunciação, dentre as quais a principal reside no que Hegel denomina de espírito. E o espírito é constituído por seu processo de figuração, ou seja, por seu vir a ser na consciência e no mundo, determinando, assim, o dizer, o conhecer e o pensar. Ou seja, o dizer seria culturalmente determinado, fazendo parte de um certo desenvolvimento da humanidade, de uma determinada forma de vida. A figura expressa cada uma dessas etapas constitutivas do desenvolvimento do espírito. Logicamente, ela constitui um momento do espírito, que a articula e inclui em totalidades cada vez mais abrangentes. Por exemplo, a certeza sensível, a dialética do senhor e do escravo e a consciência infeliz são figuras, ao passo que sua articulação, junto com as outras figuras do espírito na perspectiva do saber absoluto, constitui os momentos deste.

Logo, a unidade entre o pensamento e o ser é considerada em várias acepções, tudo dependendo da figura em que se diferencia e, assim, se realiza. Esta unidade pode, portanto, ter sua ênfase tanto nos aspectos que consideramos como "subjetivos" quanto "objetivos", visto que esses termos são relativos à etapa de efetuação do espírito. Sua realização desloca-se do "subjetivo" ao "objetivo" e no sentido contrário, mostrando que um não pode existir sem o outro, determinando-se reciprocamente. O dizer algo como "subjetivo" determina sua "objetividade" correspondente e vice-versa. Desde o começo do processo, não se pode falar de sujeito sem objeto e de objeto sem sujeito, ambos estando inscritos numa mesma figura, numa forma de vida. Por exemplo, numa comunidade religiosa, nada há de mais objetivo do que Deus, supremo ser reverenciado em todos os seus atos. Numa sociedade moderna, descrente e sem preocupações religiosas, Deus aparecerá como algo subjetivo, dependente de uma escolha privada da pessoa em seu foro íntimo.

Acepções do ser. Em certo sentido, o pensamento é oposto ao ser, como se opuséssemos a proposição ao que é imediatamente dado. O dado é, assim, tido por existente. Sob essa ótica, aquilo com que o pensamento se defronta em sua exterioridade ganha a significação de ser. Acontece, contudo, que o que consideramos "exterior" é algo extremamente problemático, ganhando os mais diferentes sentidos no transcurso da história e das culturas. Por exemplo, essa exterioridade, segundo os filósofos e épocas, tanto pode ser a exterioridade do mundo sensível segundo a *Física* de Aristóteles, a exterioridade do ser parmenídico, o ser supremo nas formas da religiosidade judaico-cristã ou o ser animado na perspectiva do *Pensamento selvagem* de Lévi-Strauss. O que consideramos como existência torna-se problemático. Quando dizemos de uma pessoa que é calva, não nos perguntamos pela sua existência, mas a pressupomos como objeto dessa qualificação. Contudo, ao dizermos que Deus ou o inconsciente existem, não usaremos o conceito de existência da mesma maneira que o fizemos a propósito da pessoa calva. Conferindo precisão a estes dois usos, Hegel introduz a distinção entre duas abordagens, a do entendimento e a da razão.

Para o entendimento, a existência não é um predicado, um conceito a ser atribuído à coisa, pois o objeto aparece, para ele, como algo separado e independente, ou seja, como existente e como objeto da predicação. Nesse sentido, a existência é o próprio objeto como algo dado, pois este ser-aí é o existente enquanto algo que subsiste face ao entendimento. A perspectiva muda quando passamos para a razão, pois esta supera a separação entre o entendimento e o objeto, pondo-se como seu próprio objeto. E, nesta passagem, ela faz da existência um predicado, um conceito a ser atribuído ao processo de diferenciação do espírito. Nesse sentido específico, a existência será predicada de idéias, idéias que vieram a concretizar essa dicção do espírito de si mesmo pelas formas da consciência e da consciência de si. Toda predicação do espírito consiste numa predicação de si mesmo em sua fase anterior de desenvolvimento, atribuindo existência àquilo que veio a ser seu próprio objeto, identificado a si mesmo.

Podemos ainda dizer que o pensamento *é*, *existe*; ele é o próprio ser que se realiza pelas figuras da autoconsciência no — e como — mundo, permeando e determinando tudo o que vemos e recortamos como "exterior". Esta formulação remonta a Descartes, para quem ela seria equivalente a dizer que a "idéia" é ou existe, não sendo um puro nada. Dessa idéia que *é* se depreenderá o modo mesmo pelo qual Descartes vai provar o "cogito", a existência da alma e de Deus, empreendendo, a partir daí, o conhecimento do mundo físico, do que consideraríamos normalmente como "existência".

O uso do verbo ser. Se dissermos que o espírito é atividade conceitual, utilizaremos o verbo ser em duas acepções: uma, a de identificação, pois dizemos que a atividade conceitual é espírito; a outra, em sua função existencial, pois o espírito existe enquanto atividade conceitual e somente por intermédio desta. Ou seja, o emprego do verbo ser tem, em Hegel, primeiro uma acepção existencial; segundo, essa acepção existencial se expressa e é enunciada por um processo de identificação, cuja forma própria é sua diferenciação. Trata-se do processo de diferenciação e de identificação do espírito consigo mesmo em suas diferentes figuras — figuras da consciência e do mundo — em seu desenvolvimento histórico, conferindo-lhe existência. Ou seja, o espírito percorre o caminho de sua existência imediata à sua existência mediada através de seu saber de si em sua atividade teórica e prática.

Devemos, portanto, introduzir aqui uma terceira acepção do verbo ser, resultante das duas anteriores: o "vir-a-ser". Este conceito nos permite ressaltar que a significação de um conceito, em Hegel, é dada pelo seu percurso, que assume formas fenomenológicas e lógicas. As formas fenomenológicas são as que se concretizam nos processos de formação da consciência, da autoconsciência, presentes em nosso conhecimento e na certeza das coisas imediatas e nas relações que as pessoas entretêm consigo e com as outras. Essas formas tornam-se também formas do mundo, as que se realizam em processos históricos que moldam nossas vidas, balizando o que consideramos como existente, válido e digno de ser honrado. As formas lógicas são as que o espírito — quando se alça à sua concepção de si como resultado de todo este percurso na consciência, na história e no mundo — articula e hierarquiza na perspectiva da filosofia. Elas são também as que se determinam mutuamente num processo em que uma é engendrada pela outra segundo a lógica do saber realizado, o que Hegel denomina de desenvolvimento da idéia. Graças à enunciação deste vir-a-ser, tarefa empreendida pela filosofia, teremos acesso à verdadeira existência, a do espírito em seu processo de efetivação.

Hegel vê-se mesmo na necessidade de introduzir um novo verbo que seja capaz de dar conta desta concepção do espírito por si mesmo. O verbo "pôr" vai preencher a função que o verbo "ser" preenche apenas inadequadamente, pois o espírito verdadeiro é aquele posto por si mesmo em seu processo de diferenciação consigo. O espírito *é* na medida em que se põe, identificando-se consigo na medida em que é posto enquanto tal. Nesse sentido, Hegel rejeita a posição segundo a qual o "é" da predicação seria um homônimo em relação ao "é" em sua acepção existencial. Podemos, portanto, dizer que, desde o início, o "é" da cópula afirma também a "existência", pois pensamento e ser são inseparáveis. Logo, se partirmos do absoluto como unidade em diferenciação entre o subjetivo e o objetivo ou, ainda, entre o pensamento e o ser, o uso da cópula no sentido da predicação corresponderá à explicitação do modo pelo qual esta unidade, primeiramente imediata, se dá e reconhece sua existência. Ou seja, essa unidade existe pelo ato de predicação e, inversamente, a predicação explicita existencialmente a unidade. O espírito existe enquanto resultado de todo um processo de predicação, que é, em Hegel, figurativo.

O percurso do espírito. A história aparecerá, então, para Hegel, como o lugar do desenvolvimento da unidade entre o pensamento e o ser. Logo, devemos entender a história como o lugar de realização da idéia da liberdade, do vir-a-ser do conceito. Isto é, a história não pode ser considerada como mera sucessão de fatos, nem como se estes, por ocorrerem, se transformassem imediatamente em racionais. A história é considerada por Hegel como processo de realização de idéias, pensamentos, representações artísticas e representações religiosas, porém também de lutas, violências e embates pelo poder. Seu enfoque, no entanto, privilegia o modo como todos esses elementos e fatores constituem o que consideramos como a formação mesma da humanidade, o vir-a-ser do homem rumo à sua autonomia, à sua consciência de si como ser livre no pensamento e nas instituições éticas, coletivas, que lhe são correspondentes. A humanidade se forma pela sua história, se cultiva pelo seu processo de determinação de si. Tanto a consciência estóica, que se desprende do mundo, como a Revolução Francesa são etapas desse mesmo processo. A consciência imediata e sensível do mundo assim como o saber absoluto, isto é, a filosofia, são momentos, de natureza diferentes, do mesmo processo pelo qual o espírito vem a se conceber como mundo e conhecimento de si.

Entretanto, daí não se segue que tudo o que ocorre na história corresponde à realização do espírito, como se Hegel justificasse qualquer fato na perspectiva do conceito ou como se a mera seqüência temporal se adequasse à articulação lógica do espírito ou à sua seqüência figurativa. Devemos, portanto, introduzir a distinção entre uma história conceitual e uma história factual. A primeira consiste nas etapas, por exemplo, da formação da idéia da liberdade, nessas figuras que, na história, lhe dão forma e que constituem, em seu conjunto, o que consideramos como humanidade no sentido mais nobre do termo. A segunda reside no que podemos considerar como as peripécias dos bípedes falantes que nada ou pouco aprenderam com a história e se esmeraram em voltar a situações anteriores, em resolver qualquer tipo de conflito com o uso da violência ou, simplesmente, em repetir, sem nenhuma criatividade, a rica experiência dos outros.

Conceito. Conceito significa, para Hegel, o pensamento tal como este vem a ser através da realização do espírito em suas diferentes fases e figuras. O conceito vai abarcar o que a *Fenomenologia do espírito* apresentará como as formas da "consciência", "consciência de si", "razão" e "espírito" ou o que a *Ciência da lógica* mostrará como o percurso do "ser" à "idéia", passando pela "essência" em suas "determinações de reflexão". Em linguagem menos técnica, o conceito significa a razão em seu sentido genérico, entendida como um processo de diferenciação da unidade que, por suas contradições, chega a uma nova identidade consigo. Esse processo não é, contudo, somente uma operação mental, porém uma operação discursiva que ocorre na coisa mesma, no enfrentamento de autoconsciências ou quando presenciamos a emergência e o desenvolvimento de uma determinada figura da liberdade. O conceito no sentido hegeliano do termo tem, assim, tanto uma significação teórica como prática, tudo dependendo da figura em questão. Ele expressa, portanto, uma unidade pensada entre o subjetivo e o objetivo, graças a seu processo de diferenciação e às novas posições que este adota, dando um novo significado à nova unidade efetuada.

Observe-se que os momentos anteriores, assim como as oposições surgidas, não são cancelados, porém conservados num momento ou figura superiores. Trata-se do próprio sentido da *Aufhebung* (suspensão), que tem simultaneamente as acepções de "negar", "elevar" e "conservar". A dialética, neste sentido, é a exposição do conteúdo da experiência do espírito em sua estrutura essencial, em seu movimento de "suspensão". Pode-se definir a dialética como um processo de "dissolução" e de "engendramento", operante na junção entre o pensamento e o ser, entre a ação e o mundo, entre o teórico e o prático. Não se trata, portanto, de um método, entendido como uma forma que seria, depois, preenchida com os mais distintos conteúdos. A forma, para Hegel, é a exposição do próprio conteúdo em suas determinações essenciais, o que só pode ser conhecido pela apresentação do movimento da coisa. Não se pode conhecer a coisa sem que dela façamos a experiência; e a experiência é o processo de dissolvermos nossos conteúdos fixos de pensamento, nossos preconceitos e convicções, aceitando o desafio de criar um novo sentido. Por sua vez, o engendramento de uma nova determinação do conceito implica o reconhecimento de que pertencemos ao mundo, agimos dentro dele e o produzimos diferentemente. Volta-se ao sentido originário de "método", a saber, *methodos*, que significa "processo", "caminho" e "percurso".

Logo, podemos dizer que, numa perspectiva lógica, o conceito é o sistema de categorias tais como estas se apresentam na *Ciência da lógica*. Conceito significa o ser que, pela sua reflexão em si — este movimento que vai de nada a nada e que retorna a si mesmo —, se dissolve e volta a si num processo de concretização superior, resultando propriamente na idéia. Devemos atentar para o que Hegel pensa quanto ao desdobramento das categorias em si mesmas, segundo uma lógica própria de desenvolvimento, numa seqüência que não é, entretanto, temporal. As categorias se sucedem e se engendram mutuamente graças a um processo meramente lógico ou lógico-metafísico, sem que possamos chamar esta seqüência de temporal. É o desenvolvimento do conceito em si mesmo, diríamos em sua própria interioridade. Interioridade esta que é o resultado de todo um percurso de figuração, exposto pela lógica das figuras na *Fenomenologia do espírito*. Nessa acepção, o conceito é a coisa mesma em seu desenvolvimento e eis por que também ela pode estar ao alcance da razão, por ser a própria razão em seu processo de vir a ser ela mesma.

Substância. Segundo o "Prefácio" à *Fenomenologia*, a substância se torna sujeito por seu processo de causação e de apresentação de si. No início do percurso, a substância aparece sob as formas mais simples da consciência imediata e, graças a um árduo e penoso trabalho — o das suas figuras, o do esforço da civilização —, se alça progressivamente à sua concepção de si. Hegel expõe este descompasso entre o que ela é e o que sabe de si como o jogo das determinações do "em si", do "para si" e do "para nós", presentes em cada uma das figuras fenomenológicas. "Para nós" significa a perspectiva do "saber absoluto", isto é, da filosofia, do percurso já realizado que se sabe presente e atuante em cada um de seus momentos anteriores. "Em si" significa o que é cada uma das figuras em seu ser, em sua forma de existência, embora não o saiba ainda. "Para si" significa, por sua vez, o saber que cada figura tem de si, o que lhe aparece como seu ser, possibilitando a explicitação progressiva do que ela é "em si". Somente na filosofia haverá a plena coincidência, a identidade, sabida e conhecida, entre o "em si" e o "para si". Observe-se que, através desse jogo, a "realidade" é "recortada" de distintas formas e dita de diferentes maneiras.

Se a "substância" é "sujeito", ela o é graças a "pôr-se" enquanto tal, num processo em que se opera a transmutação do "eu" da consciência individual em uma entidade coletiva, que é o espírito aparecendo a si por suas distintas experiências. Por exemplo, quando uma pessoa afirma o pronome "eu" para identificação, identificação de si ou como forma de assinalar a sua consciência de si e/ou das coisas, ela remete a processos de consciência e de consciência de si reconhecidos como operantes em qualquer outra pessoa, independentemente de que os conteúdos da consciência ou da consciência de si sejam os mesmos. Estamos diante de "experiências" da consciência e da consciência de si que só são individuais sob um de seus aspectos, quando, na verdade, trata-se de determinações de um processo que as ultrapassa. Assim, autoconsciências duplicam-se na figura do "senhor e do escravo" e se apresentam ainda, numa outra relação de determinação recíproca, na figura da "consciência infeliz", onde a autoconsciência crente se contrapõe e se inclina diante do senhor — do supremo ser — que a domina.

A totalização desse processo, em que o espírito surgirá progressivamente como sujeito, corresponde à formação de uma nova forma de universalidade, nascida da individualidade mesma das experiências da consciência em seus estágios mais sensíveis e imediatos. A universalidade se concretiza, adquirindo os contornos de processos coletivos e históricos, sob a forma da política, da religião, dos costumes, da arte, da ciência e da filosofia. Isso é particularmente visível nos processos civilizatórios, no desenvolvimento da humanidade enquanto orientada por idéias, dentre as quais a mais prezada por Hegel: a idéia da liberdade.

Absoluto. Normalmente, identificamos a noção de "absoluto" a um Deus imóvel, todo-poderoso e externo a nós, de tal maneira que essa diferença/separação é vista, propriamente, como abissal. Se adotarmos essa perspectiva, teremos grande dificuldade em compreender a concepção hegeliana do absoluto. Observemos que o que Hegel denomina de "absoluto" corresponde precisamente ao processo mediante o qual a substância se torna sujeito e coincide consigo no seu saber de si. A efetuação do absoluto como sujeito expõe todo este seu percurso como forma de exposição de suas diferenças, das várias etapas pelas quais o finito é posto, ou seja, negado, superado e conservado nessa unidade logicamente superior. Logo, a realidade do absoluto é o que ele revela ser nessa apresentação de si, que é condição de sua coincidência consigo.

O conceito se efetua nas sucessivas experiências que a consciência faz do mundo e do mundo que se faz consciência de si. A consciência entra no mundo e o mundo sai de si por esse processo de figuração da consciência de si, processo de vetores opostos que corresponde à própria diferenciação do absoluto. Quando ocorre a primeira coincidência entre o entrar da consciência no mundo e o sair este de si, apresentando-se a si, as figuras da consciência se tornam figuras do mundo. Passam, então, a agir como fazendo parte deste mundo posto, do mundo que expõe as formas da ação humana que o engendram. Logo, o conceito realizado é a culminação da experiência, levada a cabo na sucessão das figuras da consciência, das figuras do mundo, efetuando-se no saber absoluto. Isto é, o conceito se mostra como fundamento da própria experiência. O conceito, como o absoluto, é a unidade entre o sujeito e o objeto, indissoluvelmente unidos na experiência, que nada mais é do que a união entre o "subjetivo" e o "objetivo" em suas diferentes etapas e fases. Chegamos, assim, ao resultado que pode parecer paradoxal ao senso comum: o absoluto e a experiência coincidem na medida em que ambos são a unidade entre o subjetivo e o objetivo.

Toda figura é uma determinada unidade entre o subjetivo e o objetivo e, nesse sentido, apresenta o absoluto sob uma de suas formas. A figura tanto exprime uma etapa da consciência em relação a seus objetos quanto formas do mundo em que o absoluto se apresenta à representação, como é o caso da representação religiosa. Ou seja, a verdade dessa relação se mede pelo grau alcançado de inteligibilidade deste seu objeto. Ocorre que tal relação não é uma relação separada e extraída de seu contexto, mas seu significado provém de que ela expressa uma forma de vida, uma determinada organização das relações sociais, econômicas, jurídicas, científicas, artísticas, religiosas e filosóficas. Cada figura expõe, no percurso que realiza, uma certa aproximação à verdade, entendida aqui como forma de conceber o objeto em sua completude. Ou seja, conhecer o objeto em sua completude não significa conhecê-lo exaustivamente, em todos seus detalhes e diferenças, porém concebê-lo em suas determinações essenciais, as que resultam das diferentes figuras e de suas articulações. Logo, isso requer que a consciência se capte como fazendo parte dessa forma de vida, que ela se ponha como autoconsciência, como consciência da consciência inscrita numa determinada figura, numa determinada forma do mundo.

A experiência do "espírito" não é, porém, apenas uma experiência contemplativa e cognitiva do mundo, mas também uma experiência prática, uma experiência de vivência do absoluto, uma experiência de vida e morte. A morte, quando extraída de seu ciclo natural, pode ser uma forma de definir quem é senhor e quem é escravo. Numa experiência existencial deste tipo — que pode adotar formas políticas —, as autoconsciências se enfrentam numa luta que põe a vida em perigo. No caso da "Dialética do senhor e do escravo" na *Fenomenologia*, Hegel mostra que o enfrentamento entre autoconsciências é uma experiência fundadora da liberdade. As autoconsciências, em si mesmas, não são nada, adquirindo ser pela relação que estabelecem. O senhor é o que, no momento mais tenso da luta, arriscando o seu próprio ser físico, faz face à morte e não recua diante dela. O escravo é aquele que, tomado de pavor, clama pela preservação de sua vida. Submete-se, assim, àquele que o venceu e oferece seu trabalho servil e a renúncia à liberdade em troca de sua existência. Vale ressaltar que o senhor e o escravo não estão nessa posição por qualquer determinação social, como se o seu nascimento os tivesse destinado a tal posição, mas que se trata de uma determinação recíproca posta pelo próprio combate. O momento posterior será então o de igualar essas autoconsciências pelo trabalho do escravo, que, ao se tornar indispensável ao senhor, produz a dialética do reconhecimento. Para o nosso presente propósito, no entanto, cabe ressaltar que o reconhecimento é ele mesmo tributário de uma experiência limite, a da morte, que revela certas facetas do absoluto.

Numa experiência religiosa, como Hegel apresenta na "Consciência infeliz", a morte está inscrita numa forma de relação com Deus, entendida como a passagem de um ser vivo finito a uma forma de vida infinita. A crença religiosa, ao se representar tal passagem, estabelece os pólos de uma relação entre o finito e o infinito, entre a consciência finita de um ser religioso e o ser infinito de um senhor criador. Essa experiência está, contudo, ainda marcada por uma oposição exterior entre o finito e o infinito, como se o primeiro estivesse na posição do aqui e o infinito na do além, tocando-se sem se interpenetrarem. Para Hegel, a morte pertence ao modo pelo qual a humanidade se representa e se apropria de si graças à crença no absoluto e em sua reapropriação no curso da vida humana propriamente dita. Mesmo uma pessoa não religiosa, de uma maneira ou outra, faz, no transcurso de sua existência, a experiência de sua finitude, da morte e de sua relação com o absoluto.

Hegel, ao contrário de Schelling, concedia um papel preponderante ao espírito em detrimento da natureza. Há, para isso, duas ordens de razões: uma lógica, pois a unidade, concebida por Hegel, não pode ser indiferente nessa identidade; a outra, fenomenológica, visto que o absoluto, ao diferenciar-se em si mesmo, se sabe como produto de sua própria atividade. Sustentar um equilíbrio entre a natureza e o espírito significaria permanecer no nível de uma racionalidade imediata que não se diferencia e, portanto, não chega à consciência de si. O espírito torna-se, neste processo, saber de si graças às suas sucessivas figuras da autoconsciência. Somente assim pode a racionalidade conceber-se como fazendo parte da realidade efetiva e dando-lhe forma. Eis por que Hegel concederá importância ao conceito de consciência de si enquanto estruturante do conceito de espírito, apresentando, em suas sucessivas recorrências, o conceito a si mesmo enquanto resultado de seu processo de engendramento de si.

A gênese da consciência. Na *Fenomenologia do espírito*, Hegel opera uma releitura da *Crítica da razão pura*. Ele apresenta uma gênese não intuitiva do espaço e do tempo, na medida em que esses não serão formas puras da sensibilidade, que tornam possível nosso conhecimento dos objetos. Hegel segue outro caminho, o do uso destes elementos do discurso pelo "eu", visando a constituição propriamente dita da linguagem, como forma discursiva plenamente constituída, o que denominamos comumente de razão. O que para Kant são formas puras da sensibilidade, permitindo-nos perceber os objetos dados, torna-se, para Hegel, o resultado da atividade da consciência, que se defronta com os objetos, porém sob as formas da indicação ostensiva, do "isto", do "aquilo". Ou seja, Hegel suprime a distinção kantiana entre "intuição" e "conceito", como se, de um lado, tivéssemos um sujeito isolado dado numa parte do mundo e, de outro, como se este fosse constituído de objetos independentes. "Intuição" e "conceito" estão integrados no próprio movimento da consciência, inscrita, desde sempre, no espírito, numa determinada forma de vida.

Na visão hegeliana, não se trata de expor sob quais condições o conhecimento é possível, mas de apresentar uma gênese de categorias resultante das formas da consciência e, logo, da consciência de si. As categorias no sentido aristotélico do termo são, dessa maneira, objeto de uma reformulação, pois substância, qualidade, quantidade, relação, espaço, tempo e outras são contextualizadas — e ganham significação — na atividade mesma da consciência. Graças a esse começo, que podemos chamar de categorial, Hegel formulará todo o vir-a-ser do conceito enquanto sistema de categorias. Ou seja, o conceito vem a ser o desenvolvimento dessas categorias em seu encadeamento nas figuras da *Fenomenologia do espírito* ou em seus nexos puros na *Ciência da lógica*. Logo, a consciência adentra-se em si, empreende o seu percurso de conhecimento e de reconhecimento de si como fazendo parte do mundo. O caminho então esboçado é, para Hegel, o da coisa mesma e o de seu saber, caminho esse que, em cada etapa, apresentará uma determinação da coisa. A sua totalização será o conhecimento filosófico. Na ótica da filosofia, o espírito vem a conhecer-se a si mesmo neste seu percurso, ele concebe a si ao conceber-se no seu vir-a-ser no mundo.

Substância ética e verdade. A consciência, pelas formas da consciência de si, se torna razão e vem a conceber-se como produto de seu ser social, surgindo o espírito como substância ética. Ou ainda, a substância ética é a substância do próprio homem, o vir-a-ser da natureza humana, sendo, portanto, uma forma do mundo e não uma mera forma da consciência. O mundo tornou-se espiritual pelo processo através do qual o espírito tornou-se mundo, ou seja, o racional tornou-se efetivo e o efetivo, racional, mediando os aspectos e elementos da realidade que lhe opunham resistência. Se o espírito é a substância ética, é porque veio a sê-lo ao se dar esta forma de existência. Logo, o que se considera como mundo é concebido em várias e sucessivas concepções de mundo e em ordenações práticas das relações humanas. O mundo, ao ser concebido, se pensa, se sabe e se produz. A filosofia, ao abarcar a totalidade desse processo, ao articulá-lo logicamente, se põe como a razão realizada.

Dizer algo como verdadeiro implica inscrevê-lo em seu conceito, nas determinações do espírito. A verdade não pode ser, então, entendida como mera adequação de uma proposição a fatos dados, pois a própria proposição faz parte do processo do conceito, que recorta a realidade em sua perspectiva. De um lado, o conceito vai operar como critério de verdade ao funcionar como padrão de medida permitindo adequar um fato determinado a seu conceito. De outro lado, o próprio conceito é dito verdadeiro por ser o resultado de toda uma sucessão de formas de vida que tornou possível, e realizou, a universalização dos critérios de conhecimento.

O conceito de verdade pode ser tomado em várias acepções. Ressaltemos, para os nossos propósitos, três: 1) a correspondência material do pensamento com o objeto. Quando dizemos "A rosa é vermelha" nos referimos a uma rosa determinada, que se encontra em face de nós, ou mesmo a um conjunto de rosas vermelhas que deduzimos de nossa observação de um conjunto determinado de rosas, pois, como sabemos, há rosas amarelas, brancas etc. Nessa operação, o intelecto "representa" algo empiricamente existente, de tal maneira que os termos da relação entre a proposição e o objeto dado (e independente) são bem estabelecidos; 2) a validade, quanto à forma, dessa relação de correspondência entre o pensamento e o objeto. Trata-se aqui da obediência a determinadas regras ou princípios lógicos. Por exemplo, não posso dizer desta rosa que se encontra diante de mim que seja vermelha e branca, pois apenas um predicado lhe convém segundo o princípio de não-contradição. Daí se depreende a inferência que se faz entre diferentes proposições seguindo esses princípios formais. A noção de verdade como validade dirá igualmente respeito às regras do silogismo; 3) a verdade segundo o conceito, que é propriamente a formulação hegeliana da verdade. O problema reside aqui numa outra forma de adequação, a que faz corresponder um fato ao seu próprio conceito. Trata-se, por exemplo, da distinção entre descrever um Estado determinado e estabelecer a correspondência de um conjunto determinado de instituições e regras jurídicas ao conceito de Estado. O pensamento, evidentemente, retoma e conserva em si os dois sentidos da verdade como adequação e validade, porém os eleva a outro patamar, o que se faz pela atividade mesma do espírito.

A expressão "verdadeiro amigo" é um tipo de expressão que veicula um sentido de verdade visado por Hegel. Quando digo de uma pessoa determinada que é um verdadeiro amigo, este juízo não tem como alvo a descrição desta pessoa determinada. Evidentemente, tal pessoa deve existir e pode ser objeto de descrições que correspondam ao conceito de verdade como adequação e validade. Trata-se da condição mesma de que eu possa falar desta pessoa como sendo um "verdadeiro amigo". Se assim não fosse, seria uma insensatez. No momento, porém, em que dou um passo suplementar, a saber, a qualifico como um "verdadeiro amigo", a inscrevo num conceito determinado de amizade e a faço corresponder a este conceito. O próprio dizer se inscreve num percurso determinado, o das relações de amizade entre certas pessoas numa sociedade e cultura determinadas, segundo os processos de discriminação conceitual que estas operam.

Vejamos a expressão "verdadeira Constituição". Em nossa linguagem cotidiana, essa formulação surge quando dizemos de uma Constituição determinada que ela corresponde às expectativas dos cidadãos na ótica de sua universalidade, do comum atendimento e respeito de todos os membros desse Estado. Talvez essa formulação fique ainda mais clara na expressão "má Constituição" ao nos referirmos às leis maiores que regem um Estado determinado. Operamos, então, com duas acepções de verdade. Primeiro, a que nasce da correspondência entre um determinado juízo e uma Constituição em termos descritivos, estabelecendo uma correspondência material entre o pensamento e este objeto dado. Segundo, a que aparece propriamente na qualificação desta Constituição como má. Enuncio, aqui, um outro tipo de correspondência, a que se estabelece entre a Constituição dada e o conceito de Constituição, que serve de parâmetro a esse juízo. A correspondência entre o ser e o conceito é a que se estabelece entre o que é dado e o seu vir-a-ser na perspectiva de suas determinações essenciais. Ou ainda, trata-se da correspondência entre o ser e o dever-ser. Devemos, no entanto, evitar um equívoco freqüente, o de considerarmos este dever-ser como formal ou como sendo de ordem estritamente moral. O propósito e a formulação de Hegel consistem em mostrar como o fato é algo feito, como a coisa é coisa produzida por atividades cognitivas e práticas. Não há, para ele, uma nítida separação entre o factual e o valorativo, pois este último pertence ao processo mesmo da realidade. O dever- ser é uma etapa, ou mesmo, a culminação do ser em seu vir-a-ser.

Deus e o homem. Hegel obriga-nos a uma releitura de nossas representações do homem, de Deus e de suas relações. A dificuldade reside em que ele se demarca da concepção corrente de Deus como ser criador, como se o ser supremo tivesse criado o homem e a natureza a partir do nada, como algo que a Ele se acrescentasse. Teríamos, assim, uma relação de separação e de exterioridade entre Deus, o mundo e o homem. Quando falamos de Deus como causa do mundo ou como seu criador, veiculamos freqüentemente a imagem de um ser situado fora do mundo. Segundo Hegel, isto seria equivalente à formulação de um ser que positivamente cria algo, que aparece como lhe sendo contraposto. Ou seja, como se tivéssemos uma unidade à qual, de fora, lhe seriam acrescentadas duas outras unidades inferiores, sem que se exibisse o ato, o processo que as fez nascer, fruto de todo um processo de diferenciação. O resultado surgiria, como num toque de mágica, sem o seu desenvolvimento. Ora, uma tal representação não corresponderia aos princípios lógicos da filosofia hegeliana. Esta filosofia, por sua vez, poderia considerá-la uma imagem imperfeita e inadequada, que deveria ser objeto de uma leitura conceitual.

A noção hegeliana de desenvolvimento pode nos auxiliar aqui. Geralmente entendemos a noção de desenvolvimento associada à de tempo. Se a tomarmos nesta acepção, ficaremos inextricavelmente enredados, pois isto significaria atribuir a noção de tempo a Deus, o que levaria a problemas insolúveis. Ocorre, no entanto, que o conceito hegeliano de desenvolvimento é dissociado do conceito de tempo. Trata-se de um tipo específico de processo categorial, que constitui o movimento do absoluto, do conceito. A *Ciência da lógica* expõe esse movimento categorial em sua pureza pelo enlace das categorias que ela apresenta, mostrando como um conceito deriva de outro, como a concepção de uma categoria leva, por seu movimento intrínseco, ao aparecimento de outra. A *Fenomenologia do espírito*, por sua vez, mostra como os usos dos conceitos de tempo e de espaço remetem a — e engendram — algo que se situa para além — ou aquém — das determinações temporais.

Isso faz com que Hegel possa conceber a criação não como um ato *ex nihilo*, mas como atemporal, pelo qual o espírito se repõe em seu processo de engendramento de si. O processo lógico de reposição do conceito pode operar no tempo sem que com ele coincida. Na *Fenomenologia do espírito*, na *Filosofia do direito*, na *Filosofia da história*, na *Estética*, por exemplo, o desenvolvimento do conceito opera no tempo e através dele. Na *Ciência da lógica*, por sua vez, a exposição do conceito desvincula-se do tempo. Deixemos Hegel falar: "A lógica, então, deve ser apreendida como o sistema da razão pura, como o reino do pensamento puro. Este reino é a própria verdade, tal como, sem véu, é em e para si. Por esta razão, pode-se dizer: este conteúdo é a apresentação de Deus tal como é em sua essência eterna, antes da criação da natureza e de um espírito finito."

A razão especulativa, no sentido hegeliano do termo, se alça ao conhecimento da natureza de Deus, tendo inclusive o propósito de apresentá-la em sua essência eterna. Trata-se de uma razão capaz de penetrar o finito em sua infinitude, que pode reapropriar-se do absoluto, trazendo-o à imanência do mundo e do homem. É o reino mesmo do pensamento puro, onde o homem se identifica a Deus. Isso nos obriga a repensar os conceitos de necessidade e de liberdade, pois estes, em suas acepções correntes, não poderiam ser aplicados sem "correções" a um ser que se situa para além do uso normal das categorias. Essas "correções" são a obra mesma da filosofia, quando pensa o absoluto em sua pureza.

Logo, é como se Deus se constituísse nesse processo eterno, nesse desenvolvimento atemporal, conhecendo-se e dando-se a conhecer neste percurso lógico. Ou seja, é como se expusesse sua própria essência no sistema da razão pura. Deus é, então, resultado de seu próprio processo, que se situa para além das determinações temporais, embora nelas também apareça. O homem torna-se assim um elemento necessário da manifestação de Deus, que vem a ser uma automanifestação. O homem é criatura, porém criatura que, na sua consciência de si, se conhece como elemento, fase e etapa da realização do absoluto. No exercício da razão, o homem se sabe parte integrante da própria concepção do absoluto. Contudo, se, desavisados, recairmos nas representações do intelecto, diremos que se cria uma dependência de Deus em relação ao homem. O convite de Hegel é para que superemos os limites do entendimento e concebamos o absoluto na perspectiva de sua diferenciação, passando pelas etapas da consciência, da consciência de si e do espírito em suas figuras.

Isso implica que o homem se distingue de Deus de uma maneira diferente da que o separa das coisas naturais. O homem chega às coisas pela consciência que delas tem, enquanto para alcançar Deus é necessário que o homem tenha consciência de si como elemento integrante do ser de Deus. Para que se possa dizer que o homem tem consciência de Deus, é preciso sua consciência de si de ser em Deus, o absoluto se realizando nesse ato de autoconsciência humana. A consciência religiosa de Deus, na *Fenomenologia do espírito*, é a consciência que o homem tem de Deus e a consciência que Deus tem de si mesmo na e como natureza, no e como homem. Se Deus não existisse o homem não existiria, porém o contrário é verdadeiro: se o homem não existisse, Deus tampouco existiria. A religião consiste, então, no trabalho da autoconsciência nos conteúdos da crença. Nesta, mantém-se ainda a separação entre a consciência religiosa e seu objeto de representação, ainda não elevado ao saber. A filosofia vai, por sua vez, explicitar racionalmente a unidade que se realiza mediante esse processo de separação/diferenciação.

Saber absoluto. Se a presença do pensamento a si mesmo é a verdade absoluta, a verdade do objeto tal como é em si mesmo é o próprio conceito. O conceito é, então, o pensamento tal como se fez em suas figuras e se apresenta, agora, condensado em seu resultado. Toda proposição faz parte desse processo pelo qual o conceito se apresenta a si e se reconhece, se sabe, nesse processo. O sentido da proposição é dado, primeiro, por sua inscrição em uma determinada figura e, segundo, a proposição propriamente filosófica é a do "saber absoluto", a que enuncia a totalidade desse processo em suas determinações puras, no sistema da razão pura. No saber absoluto, realiza-se a coincidência entre o sujeito cognoscente e o objeto conhecido, pois a unidade de ambos aparece sob a forma de uma identidade, que é produto de um longo processo de diferenciação. A coincidência nada tem de fortuita, surgindo dos nexos necessários do conceito. Isto é, o resultado expõe o processo a si mesmo graças à consciência que o espírito tem de si como sendo toda a realidade. Na religião, o espírito apresentava-se a si sob a forma do absoluto, mas ainda separando o infinito do finito, revelando-se a si, porém permanecendo separado de si. A forma do conhecimento religioso, embora tenha o absoluto como objeto, permanece no nível da representação, no conhecer o objeto como algo dado e independente. Agora, o objeto apresenta-se como o conceito pelo percurso das figuras em seu vir-a-ser.

O ser do conceito é o seu vir-a-ser. O pensamento se reconhece como sendo o seu próprio desenvolvimento e se concebe como sendo seu próprio objeto, conhecendo o objeto no momento de se conhecer a si mesmo. No espírito, cancela-se uma série de figurações, pois essas, doravante, fazem parte dele, etapas que são do próprio processo de diferenciação da unidade. No saber absoluto, temos uma multiplicidade de pensamentos, articulados segundo um único princípio, o da dialética do seu processo. Estabelece-se uma hierarquia de pensamentos que exprime e dá forma a uma hierarquia de realidades. Eis por que a exposição das categorias do absoluto, a apresentação dos conceitos do saber absoluto, é a tarefa mesma da *Ciência da lógica*.

Na filosofia, temos a "verdade absoluta", entendida como o mais alto grau que a razão pode alcançar em seu conhecimento de si. Isto envolve o conhecimento de suas diferentes etapas, o uso das palavras em seus contextos mais imediatos, a formação da linguagem, o emprego cada vez mais apurado das proposições, seus distintos significados teórico e prático, os sentidos diversos que assume nas distintas figuras da consciência, da consciência de si, da razão, do espírito em suas diferentes formas de vida. Pensar segundo um fio condutor a totalidade desse processo é a tarefa mesma do saber, da razão. Ou seja, é estabelecida uma espécie de hierarquia entre os diferentes níveis da verdade ou das proposições, pois a verdade filosófica inclui em si as verdades correspondentes a cada uma das etapas do processo de figuração do espírito, este vir-a-ser da substância em sujeito.

O saber absoluto é, então, um tipo específico de conhecimento, que articula o conjunto de categorias, de determinações do pensamento, como resultado das experiências do espírito desde seus níveis imediatos até os mais mediados. Ele não pode, de modo nenhum, ser identificado a uma espécie de onisciência. Por exemplo, pensemos em nossas experiências conscientes e, mesmo, inconscientes. Em diferentes dias, inclusive num único dia, experimentamos em nós mesmos diversas figuras que se sucedem, às vezes desordenadamente, às vezes ordenadamente. Ora aparecemos a nós mesmos e aos outros como desejantes, ora como interesseiros, ora como altruístas, ora como indivíduos morais preocupados com os demais e com o bem público, ora engajados politicamente, ora querendo conhecer as coisas como são em si mesmas, ora querendo romper laços pessoais, profissionais e políticos, noutros ainda querendo pensar conjuntamente todos esses momentos. Podemos, num certo sentido, dizer que a *Fenomenologia do espírito* é a apresentação sistemática da totalidade dessas experiências, pensadas na ótica de um alemão do início do século XIX, seguindo as experiências que eram as suas, conforme a cultura recebida e adquirida, imerso que estava numa determinada forma de vida.

Lógica e metafísica. Seja qualificado de *metafísico* ou de *lógico*, o projeto hegeliano constitui um resgate da metafísica em novas bases. Vejamos os seus sentidos:

a) a metafísica tem como objeto o conhecimento do absoluto, entendido como identidade entre o universal e o individual em seus diferentes níveis de concreção. Dentre as diferentes experiências da autoconsciência e do espírito propriamente dito, Hegel encontra o absoluto presente no sentimento e nas representações artísticas e religiosas. Ou seja, o absoluto pode se apresentar tanto logicamente — no desdobramento puro das categorias — como fenomenologicamente — nas diferentes figuras do espírito;

b) ao ter como objeto o absoluto, a metafísica terá como objeto várias formas de identidade — e de diferença — entre o universal e o individual, tais como se apresentam, por exemplo, nas experiências histórica e estética. Na história, teremos os grandes fatos e feitos, na medida em que apresentam uma universalidade que se torna perene, concatenando-se com outras experiências de universalização, e que continuam a suscitar nossa admiração. A idéia da liberdade é a expressão maior desse processo de universalização. Na experiência estética, as grandes obras da humanidade figuram e representam como o absoluto se dá sensivelmente a conhecer na formação do gosto e na depuração de nossa sensibilidade. As figuras da arte tornam-se momentos essenciais da formação da humanidade. Elas nos atraem ainda hoje e provocam em nós outras formas de apreensão da realidade;

c) a filosofia apresenta a mais universal e fundamental determinação da realidade tal como é em si mesma e não somente como aparece em seus aspectos particulares como natureza e espírito. Eis por que, no desenvolvimento de seu sistema, Hegel identifica a metafísica à lógica. A filosofia como conhecimento do absoluto significa o conhecimento da razão por si mesma;

d) a identificação entre metafísica e lógica só é válida quando Hegel concebe o trabalho da razão como trabalho também negativo de dissolução das oposições fixas do entendimento, dissolvendo o finito tal como se apresenta. A lógica, no sentido de apresentação das regras do entendimento, cai fora da metafísica. A metafísica, enquanto tratamento do absoluto desvinculado do trabalho do negativo, permanece uma mera forma do intelecto, resultando no conhecimento imóvel do ser supremo como se existisse de uma forma externa e separada do finito. A identificação entre metafísica e lógica só pode ocorrer a partir do momento em que se concebe o absoluto como unidade racional entre o subjetivo e o objetivo, entre o finito e o infinito. Ou seja, como unidade permeada e diferenciada pelo trabalho da razão, que não cai nas aporias da oposição entre o finito e o infinito, onde o próprio infinito pode ser finitizado, como ocorre na consciência religiosa ao colocar o infinito separado e para além do finito.

Fim. A realidade da *Ciência da lógica* é o conceito e seu movimento, isto é, sua realidade é o espírito em sua pura forma. No desenvolvimento das "categorias" em "determinações do pensamento" e, logo, em "conceitos" propriamente ditos, presenciamos a exposição do absoluto em níveis progressivos de concreção e de completude. Se perguntássemos como pode Hegel ter a pretensão de conhecer o absoluto, sua resposta seria: apresentando seu próprio desenvolvimento como sistema da razão pura, cuja exposição é a sua própria prova. Não se pode conhecer o absoluto sem este lento, árduo e penoso esforço de começar e de recomeçar sempre o mesmo percurso. Todo recomeço, para Hegel, sempre se dá em novos patamares, cabendo-nos fazer e refazer, em nós mesmos, a dura experiência, teórica e prática, das diferentes experiências da consciência. Hegel convida-nos a abrir este caminho, mostrando-nos como trilhá-lo. Não é este o próprio trabalho do pensamento? Não podemos, contudo, nos contentar com nenhum conhecimento alcançado, pois logo ele se mostrará como etapa, que exigirá novos desenvolvimentos.

Seleção de textos

Carta de Hegel a Niethammer

Iena. Segunda-feira, 13 de outubro de 1806, dia em que a cidade foi ocupada pelos franceses e o imperador Napoleão transpôs suas muralhas.

O senhor vê, pela data, que preocupação devo ter tido a propósito dos envios dos manuscritos [trata-se dos manuscritos da *Fenomenologia do espírito*] quarta e sexta-feira últimas. Ontem à noite, por volta do pôr-do-sol, ouvi os tiros das patrulhas francesas, vindos, ao mesmo tempo, do vale de Gempenbachtal e de Winzerla. Os prussianos foram expulsos desta última localidade durante a noite, o tiroteio durou até depois da meia-noite e hoje, entre 8 e 9 horas, penetraram na cidade os batedores franceses — e, uma hora depois, as tropas regulares. Foi uma hora de medo, particularmente pelo desconhecimento das pessoas do direito que cada um tem, segundo a vontade do próprio Imperador, em relação a suas tropas ligeiras, ou seja, não tergiversar sobre suas requisições, mas lhes dar calmamente o que é necessário. Muitas pessoas viram-se em dificuldades devido a um comportamento inconveniente ou falta de prudência. Entretanto, a Senhora sua cunhada, assim como a casa Döderlein, estão sãs e salvas. Visto que eu lhe falava da partida do correio esta noite, ela pediu-me que escrevesse à senhora Niethammer e ao senhor. Ela hospeda agora 12 oficiais. Vi o Imperador — esta alma do mundo — sair da cidade para um reconhecimento. É efetivamente uma sensação maravilhosa ver um tal indivíduo, que aqui se concentra em um ponto, montado a cavalo, abarcar e dominar o mundo. Quanto aos prussianos (dizia-se ontem que o rei da Prússia tinha seu quartel-general em Kapellendorf, a algumas horas daqui; não sabemos onde ele está hoje, mas certamente mais longe do que ontem; a duquesa com a sua filha tinham decidido ficar em Weimar), não se podia, de fato, fazer um prognóstico melhor — porém de quinta a segunda-feira, tais avanços só são possíveis graças a este homem extraordinário, que é impossível não admirar. ...

No entanto, se hoje superei bem essas dificuldades, talvez tenha sofrido tanto ou mais que os outros. Vendo tudo o que está acontecendo por aí, devo me perguntar se meu manuscrito, que partiu quarta e sexta-feira, chegou. Minha perda seria, verdadeiramente, grande. Devo ser o único? Como teria desejado que o senhor não tivesse previsto o pagamento em dinheiro de uma parte do montante e que o senhor não tivesse fixado tão estritamente o prazo de entrega! Entretanto, como o correio partia, tive de arriscar o envio. Deus sabe com que coração pesado eu ainda arrisquei, embora já não duvide que o correio circula livremente nas costas do exército. Como já fiz antes, nós todos desejamos sorte ao exército francês, o que não pode certamente lhe faltar quando se considera a imensa diferença que separa seus chefes, e o mais comum de seus soldados, de seus inimigos. Logo, nossa região será rapidamente liberada deste dilúvio.

A senhora Voigt me disse que faria partir o carteiro somente amanhã de manhã e eu lhe aconselhei a pedir um salvo-conduto ao estado-maior que está hospedado em sua casa, pedido este que não será recusado. Assim, tenho a esperança de que Deus lhe entregará meus rascunhos no prazo fixado. Logo que o senhor saiba como me enviar algum dinheiro, peço-lhe que o faça o mais rapidamente. A curto prazo, terei muita necessidade.

Dialética

§ 31. O método é aqui, da mesma maneira, pressuposto a partir da *Lógica*. É o método segundo o qual, como no saber, o conceito se desenvolve a partir de si mesmo e é apenas um avançar e um trazer à tona *imanentes* suas determinações — avanço que não ocorre pela afirmação de que *haveria* diferentes relações e, logo, pela *aplicação* do universal a uma tal matéria tomada do exterior.

O princípio motor do conceito, enquanto não apenas dissolve as particularizações do universal, mas as traz à tona também, chamo de *dialética*. — Dialética, pois, não no sentido em que ela dissolve, confunde e leva aqui e acolá um objeto dado, uma proposição etc., ao sentimento, à consciência imediata em geral e só tem a ver com o produzir seu contrário —. Um procedimento negativo que aparece também freqüentemente em *Platão*. Ela pode então considerar como seu último resultado o contrário de uma representação ou bem decidir, à maneira do ceticismo antigo, da contradição dessa representação, ou bem, de uma maneira mais fraca, de uma *aproximação* à verdade, o que é uma facilidade moderna. A dialética superior do conceito consiste em não apenas apreender e trazer à tona a determinação como limite e contrário, mas também, a partir de si mesma, como conteúdo e resultado *positivos*. É somente graças a isto que ela é *desenvolvimento* e avanço imanentes. Esta dialética não é então o fazer *exterior* de um pensamento subjetivo, mas a *própria alma* do conteúdo, que faz brotar seus ramos e frutos. O pensamento observa este desenvolvimento da idéia como algo subjetivo, como uma atividade própria de sua razão, sem por sua vez acrescentar um complemento. Considerar algo racionalmente não consiste em trazer do exterior uma razão ao objeto e em elaborá-lo desta maneira, porém o objeto é para si mesmo racional. Aqui, é o espírito, em sua liberdade, o mais alto cume da razão consciente de si, que se dá efetividade e se produz como mundo existente. O saber tem somente a função de trazer à consciência este trabalho próprio da razão da coisa.

§ 32. As *determinações* no desenvolvimento do conceito são, de um lado, elas mesmas conceitos, mas estão, de outro lado, na forma do ser-aí, porque o conceito é essencialmente como idéia, e a série dos conceitos resultantes é, então, ao mesmo tempo uma série de *figurações*. Assim, devem ser elas consideradas no saber.

Num sentido mais especulativo, a *maneira do ser-aí* de um conceito e sua *determinidade* são uma única e mesma coisa. Deve-se, porém, observar que os momentos, cujo resultado é uma forma determinada ulteriormente, o precedem enquanto determinações do conceito no desenvolvimento científico da idéia, mas não o antecipam como figurações no desenvolvimento temporal. Logo, a idéia, enquanto determinada como família, tem como pressuposição as determinações conceituais; ela será apresentada, em seguida, como resultado destas. Entretanto, que essas pressuposições internas já sejam também para si dadas enquanto *figurações*, como direito de propriedade, contrato, moralidade etc., este é o outro lado do desenvolvimento, que só alcança este ser-aí próprio figurado de seus momentos numa formação/cultura mais elevada e completa.

Filosofia do direito

Razão e entendimento

"Sejam quais forem os resultados que possivelmente já podem ter acontecido para a coisa e a forma da sabedoria em outra perspectiva, a sabedoria lógica, que constitui a metafísica propriamente dita ou a pura filosofia especulativa, se viu até agora ainda muito negligenciada. O que entendo mais precisamente por esta sabedoria e o ponto de vista que é o seu. Indiquei provisoriamente na *Introdução*. Embora um trabalho de muitos anos não tenha podido dar a este ensaio uma maior perfeição, é desejável que aqueles que o julguem equanimemente considerem a necessidade que se impunha de retomar esta sabedoria de seu começo, a natureza do objeto mesmo e a carência de trabalhos preparatórios que, para tal transformação, teriam podido ser utilizados. O ponto de vista essencial consiste em que, de fato, estamos diante de um novo conceito de tratamento científico. Com efeito, a filosofia, na medida em que deve ser sabedoria, não pode, como assinalei em outro lugar, tomar emprestado o seu método de uma ciência subordinada como o é a matemática, da mesma maneira que não pode ficar no nível das afirmações categóricas da intuição interior ou se servir do raciocínio fundado na reflexão exterior. No entanto, só pode ser a *natureza do conteúdo*, que se *move* no conhecer científico, na medida em que é esta *própria reflexão* do conteúdo *que* somente põe e *engendra* simultaneamente *sua determinação* mesma.

O *entendimento determina* e fixa as determinações. A *razão* é negativa e *dialética*, pois dissolve em nada as determinações do entendimento. Ela é *positiva*, porque engendra o *universal* e concebe nele o particular. Da mesma maneira que costumamos tomar o entendimento como algo separado da razão em geral, tomamos a razão dialética como algo separado da razão positiva. Na sua verdade, porém, a razão é *espírito*, que é superior a ambos, pois é uma razão de entendimento ou um entendimento de razão. Ele é o negativo, o que constitui tanto a qualidade da razão dialética como do entendimento. Ele nega o simples e põe, assim, a diferença determinada do entendimento. Da mesma maneira, ele dissolve esta diferença e é, então, dialético. Entretanto, ele não se mantém no nada deste resultado, mas, nele, é, do mesmo modo, positivo e produziu, assim, o primeiro simples, porém como universal, que é em si concreto. Sob este universal, não é subsumido um particular dado, mas, neste determinar e no seu dissolver, o particular já se co-determinou. Este movimento espiritual, que, na sua simplicidade, se dá a sua determinidade e, nesta, sua igualdade consigo, que é, então, o desenvolvimento imanente do conceito, é o método absoluto do conhecer e, ao mesmo tempo, a alma imanente do conteúdo mesmo. — Somente seguindo este caminho que se constrói a si mesmo, eu sustento que a filosofia é capaz de ser sabedoria objetiva, demonstrada. — Foi dessa maneira que procurei apresentar a *consciência* na *Fenomenologia do espírito*. A consciência é o espírito enquanto concreto e, com efeito, saber começando na exterioridade. Entretanto, o avançar deste objeto repousa unicamente, como o desenvolvimento de toda vida natural e espiritual, sobre a natureza das *essencialidades puras*, que constituem o conteúdo da lógica. A consciência, enquanto espírito que aparece, que se libera, no seu caminho, de sua imediatidade e de sua concreção externa, vem a ser o saber puro, que tem por objeto essas essencialidades puras elas mesmas, tais como são em e para si. Elas são o pensamento puro, o espírito pensante de sua essência. O seu automovimento é a sua vida espiritual e é isto mediante o que a sabedoria se constitui e cuja apresentação ela é."

Ciência da lógica, Prefácio à 1ª edição

Cronologia

1770 Nasce em 27 de agosto, em Stuttgart.

1781 Acometido de febre grave, que também atinge toda a sua família, resultando na morte da mãe.

1788 Estuda teologia na Universidade de Tübingen, onde conhece Hölderlin e Schelling.

1793 Após graduar-se em Tübingen, muda-se para Berna, na Suíça, para trabalhar como preceptor.

1796 Hölderlin consegue-lhe um cargo de professor em Frankfurt.

1799 A morte do pai de Hegel assegura-lhe pequena renda particular.

1801 Com a ajuda de Schelling, é nomeado *Privatdozent* na Universidade de Iena.

1806 Hegel conclui a *Fenomenologia do espírito*, enquanto Napoleão vence a Batalha de Iena.

1807 Torna-se editor da *Gazeta de Bamberg* .

1808 Torna-se diretor do Gymnasium, em Nüremberg.

1811 Casa-se com Marie von Tucher.

1812 Publica a primeira parte da *Ciência da lógica* (concluída quatro anos mais tarde).

1817 Publica a *Enciclopédia das ciências filosóficas*.

1818 Assume o cargo de professor de filosofia na Universidade de Berlim.

1821 Publica a *Filosofia do direito*.

1830 Nomeado reitor da Universidade de Berlim.

1831 Morre de cólera, em Berlim, em 14 de novembro.

Referências e fontes

p.10. A citação de Hegel foi extraída das *Lições sobre a filosofia da história*.

p.24. A expressão "pontos nos is" é de Hegel, capítulo sobre o Estado, em *Filosofia do direito*.

p.24-5. A citação é de Jacques D'Hondt, *Hegel*. Paris, Calmann-Lévy, 1998 (p.265), de onde foi extraída a maior parte dos dados biográficos de Hegel.

p.26. A passagem pertence à Introdução à *Filosofia do direito*.

p.32. A citação é extraída da Introdução à *Ciência da lógica*.

Leituras recomendadas

- *A Introdução* às *Linhas fundamentais da Filosofia do direito* e o capítulo sobre a sociedade civil-burguesa encontram-se traduzidos por Marcos L. Muller em *Analytica*, vol. 1, nº 2, 1994, e em *Textos Didáticos* nº 21. IFCH/Unicamp, 1996.
- *Fenomenologia do espírito*. Tradução de Paulo Menezes. Petrópolis, Vozes, 2000.
- *Estética*. São Paulo, Martins Fontes, 1996.

Sobre Hegel

- Herbert Marcuse. *Razão e revolução*. Rio de Janeiro, Paz e Terra, 1978.
- François Châtelet. *Hegel*. Rio de Janeiro, Jorge Zahar, 1995.
- Paulo Menezes. *Hegel e a Fenomenologia do espírito*. Rio de Janeiro, Jorge Zahar, 2001.
- Paulo Menezes, *Para ler a Fenomenologia do espírito*. São Paulo, Loyola, 1992.
- Denis L. Rosenfield. *Introdução ao pensamento político de Hegel*. São Paulo, Ática, 1993.
- *Política e liberdade em Hegel*. São Paulo, Ática, 1995.
- G.R.G. Mure. *The Philosophy of Hegel*. Bristol, Thoemmes Press, 1993

- Paul Strathern. *Hegel em 90 minutos.* Rio de Janeiro, Jorge Zahar, 1998.
- Michael Inwood. *Dicionário Hegel.* Rio de Janeiro, Jorge Zahar, 1997.
- Weber, T. *Hegel, liberdade, Estado e história.* Petrópolis, Vozes, 1993.
- Maria de Lourdes A. Borges. *História e metafísica em Hegel.* Porto Alegre, Edipucrs, 1998.
- Henrique C. Lima Vaz. "Senhor e escravo: uma parábola da filosofia ocidental". *Revista Síntese,* nº 21. Rio de Janeiro, 1981.

Sobre o autor

DENIS LERRER ROSENFIELD nasceu em Porto Alegre, em 1950. Fez seus estudos de graduação em filosofia na Universidade Nacional Autônoma do México e obteve o título de *docteur d'état* pela Universidade de Paris I, Panthéon-Sorbonne. É professor titular do Departamento de Filosofia da Universidade Federal do Rio Grande do Sul e pesquisador I-A do CNPq. Autor de vários livros em português, francês e espanhol: *Política e liberdade em Hegel* (Brasiliense, 2ª ed. Ática), *Do mal* (L&PM), *Filosofia política e natureza humana* (L&PM), *Ética na política* (Brasiliense), *O que é democracia* (Brasiliense), *Lições de filosofia política* (L&PM), *Descartes e as peripécias da razão* (Iluminuras) e *Retratos do mal* (Jorge Zahar). É editor da revista *Filosofia Política* e diretor da série de filosofia desta coleção Passo-a-Passo (publicada por Jorge Zahar Editor). É articulista dos jornais *Estado de S. Paulo* e *O Globo* e colaborador da *Folha de S. Paulo*.

Coleção **PASSO-A-PASSO**

Volumes recentes:

CIÊNCIAS SOCIAIS PASSO-A-PASSO

O negócio do social [40], Joana Angélica Barbosa Garcia

Origens da linguagem [41], Bruna Franchetto e Yonne Leite

Antropologia da criança [57], Clarice Cohn

Patrimônio histórico e cultural [66], Pedro Paulo Funari e Sandra de Cássia Araújo Pelegrini

Antropologia e imagem [68], Andréa Barbosa e Edgar T. da Cunha

Antropologia da política [79], Karina Kuschnir

Sociabilidade urbana [80], Heitor Frúgoli Jr.

Pesquisando em arquivos [82], Celso Castro

Cinema, televisão e história [86], Mônica Almeida Kornis

FILOSOFIA PASSO-A-PASSO

Estética [63], Kathrin H. Rosenfield

Filosofia da natureza [67], Márcia Gonçalves

Hume [69], Leonardo S. Porto

Hannah Arendt [73], Adriano Correia

Schelling [74], Leonardo Alves Vieira

Niilismo [77], Rossano Pecoraro

Kierkegaard [78], Jorge Miranda de Almeida e Alvaro L.M. Valls

Filosofia da biologia [81], Karla Chediak

Ontologia [83], Susana de Castro

John Stuart Mill & a liberdade [84], Mauro Cardoso Simões

Filosofia da história [88], Rossano Pecoraro

Teoria do conhecimento [91], Alberto Oliva

PSICANÁLISE PASSO-A-PASSO

Psicanálise com crianças [75], Teresinha Costa

Feminino/masculino [76], Maria Cristina Poli

Cinema, imagem e psicanálise [85], Tania Rivera

Trauma [87], Ana Maria Rudge

Édipo [89], Teresinha Costa

A psicose [90], Andréa M.C. Guerra

A angústia [92], Sonia Leite

Educação e psicanálise [93], Rinaldo Voltolini

Os outros em Lacan [94], Antonio Quinet

A paixão [95], Marcus André Vieira

Histeria: o caso Dora [96], Nadiá Paulo Ferreira e Marcus Alexandre Motta